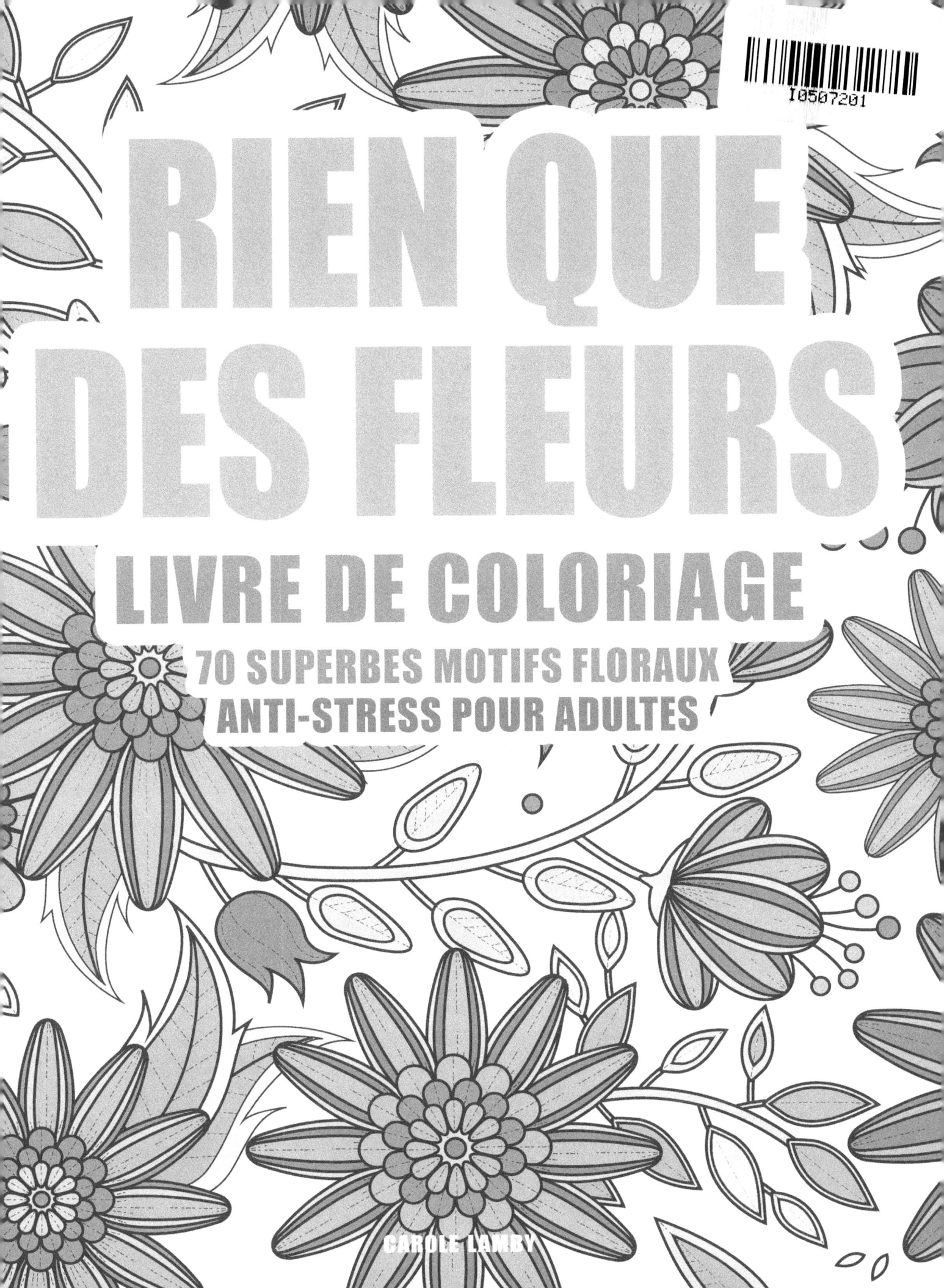

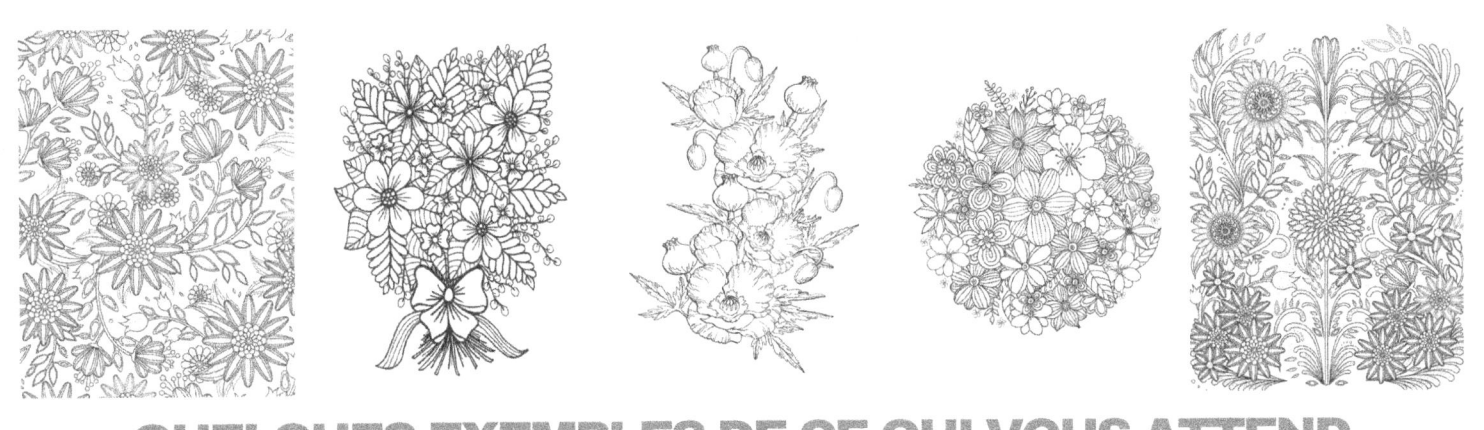

QUELQUES EXEMPLES DE CE QUI VOUS ATTEND

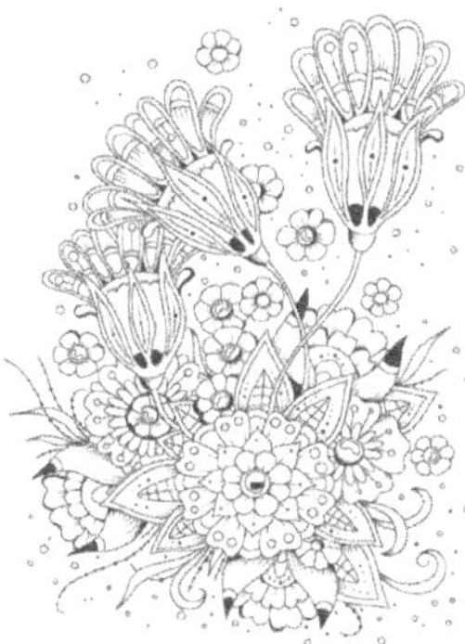

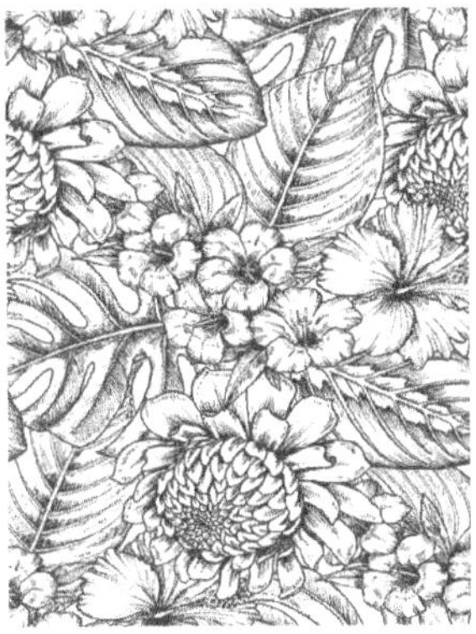

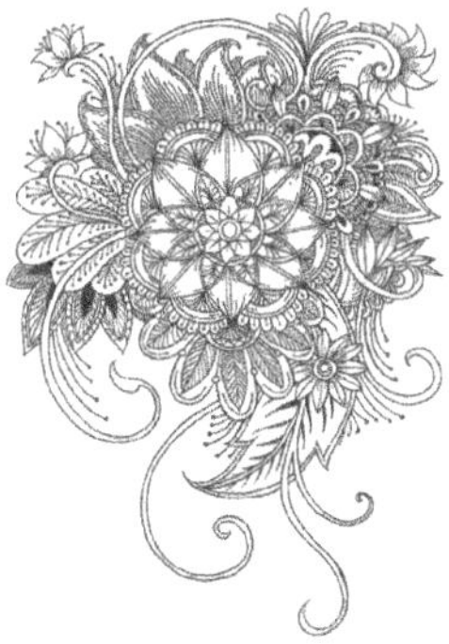

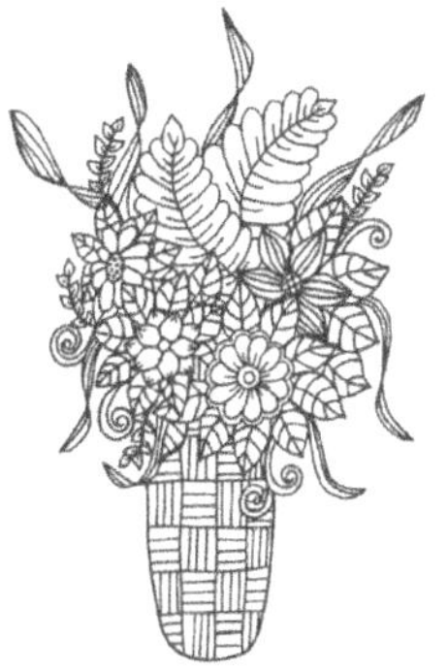

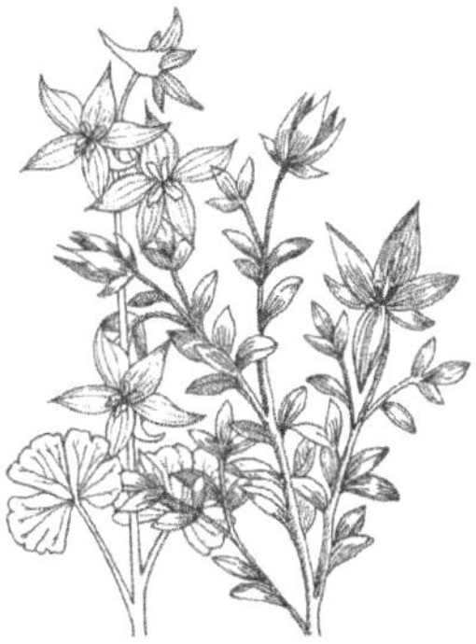

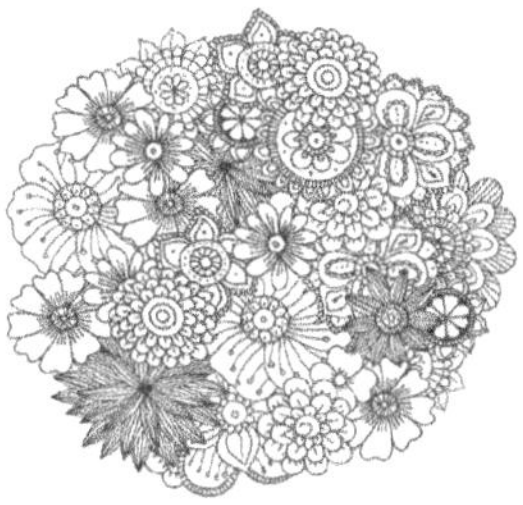

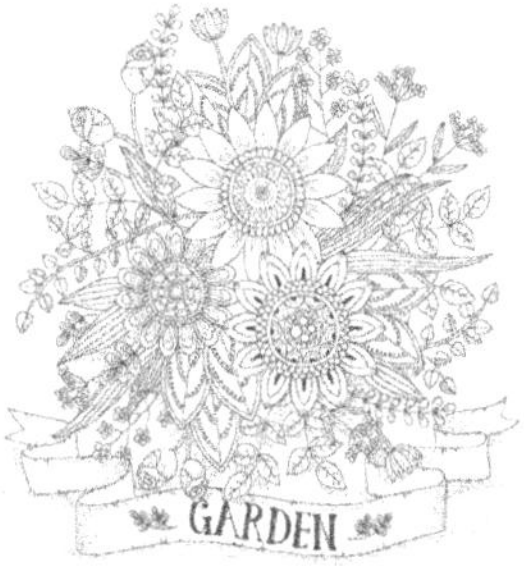

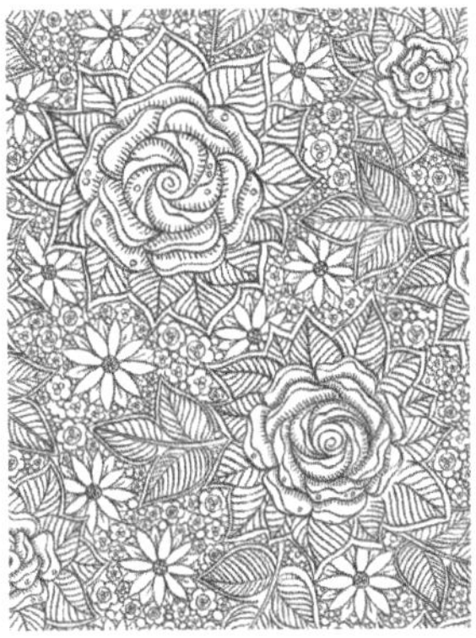

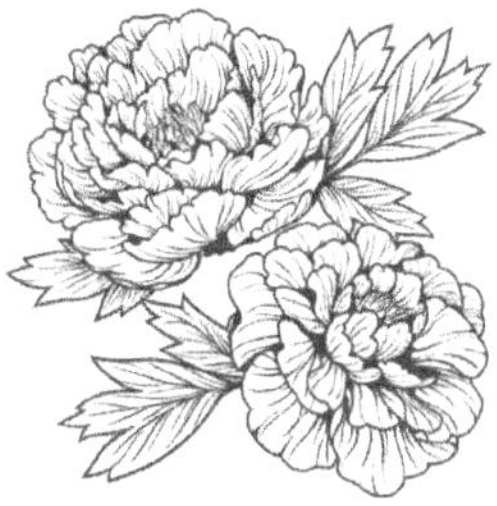

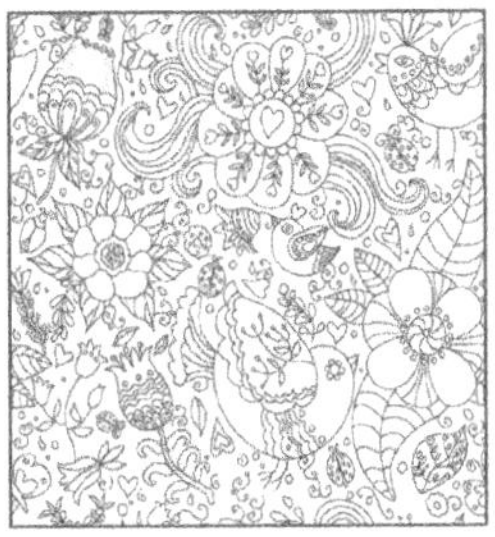

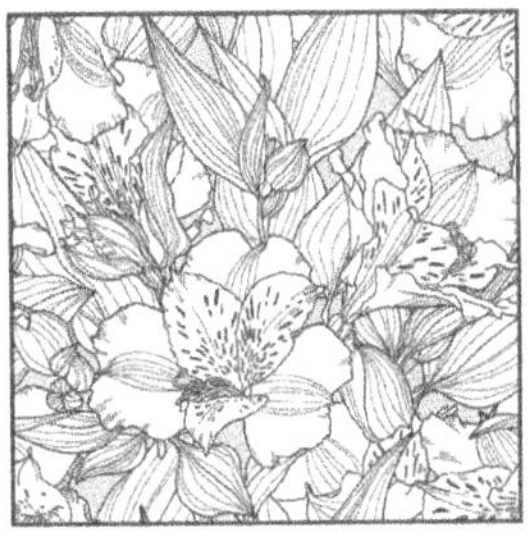

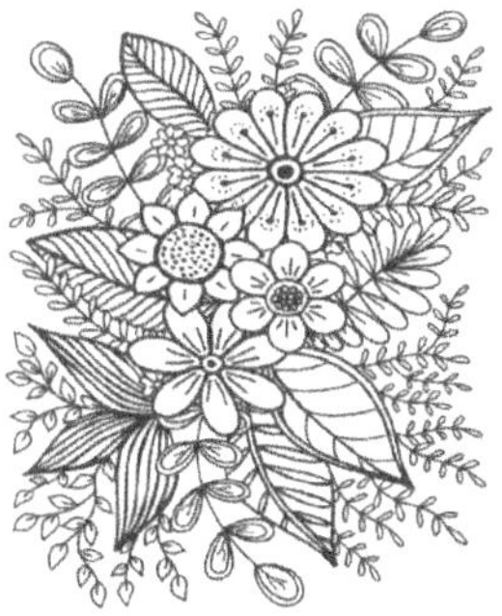

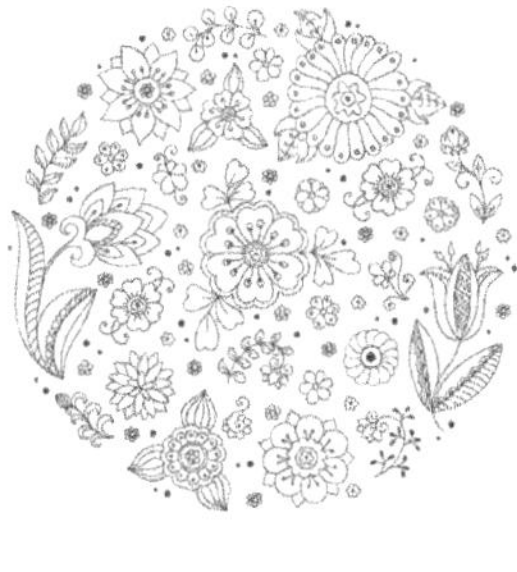

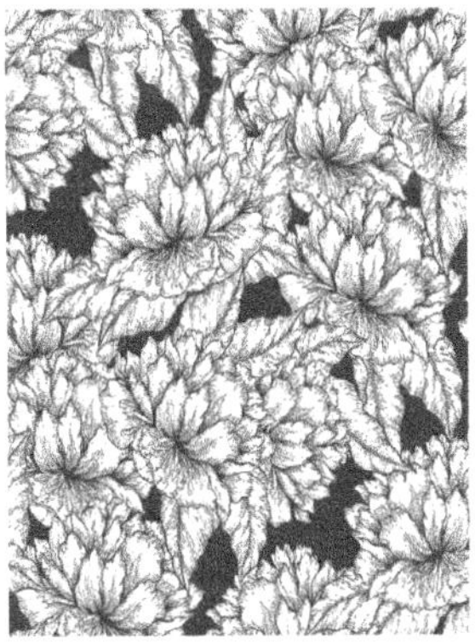

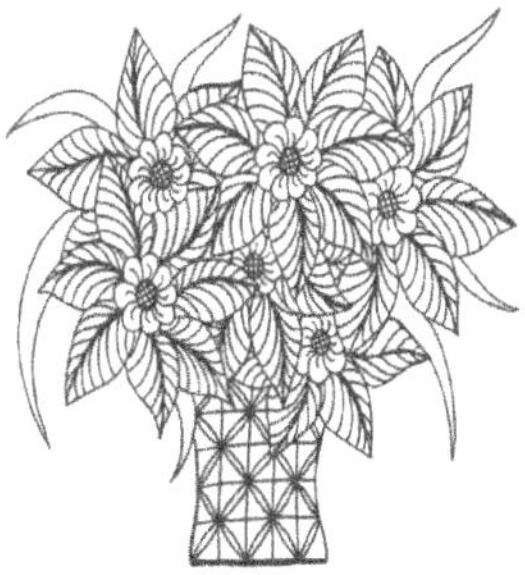

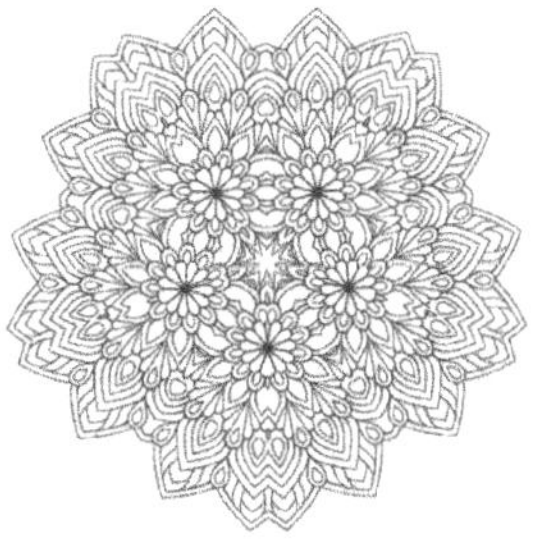

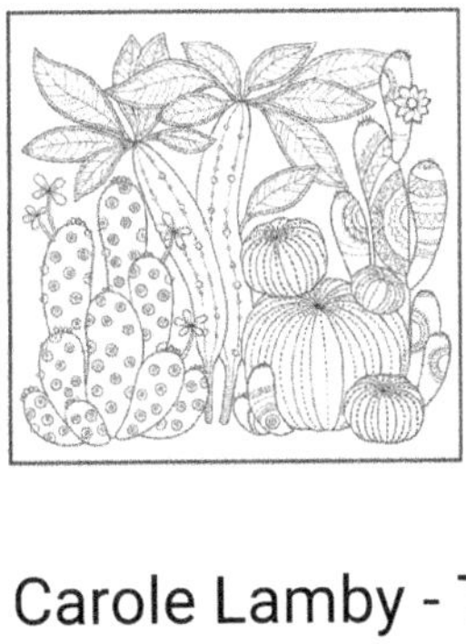

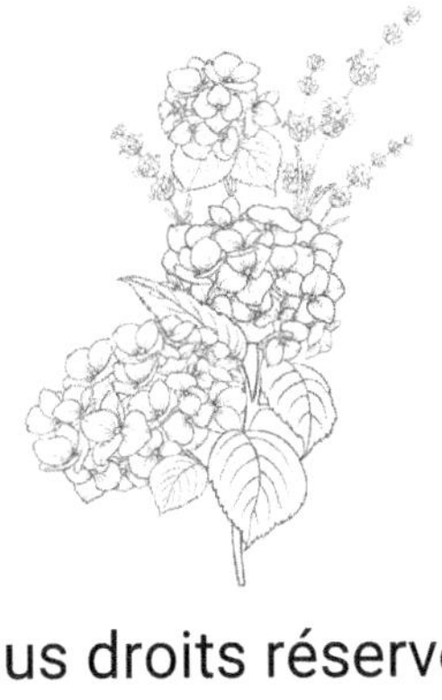

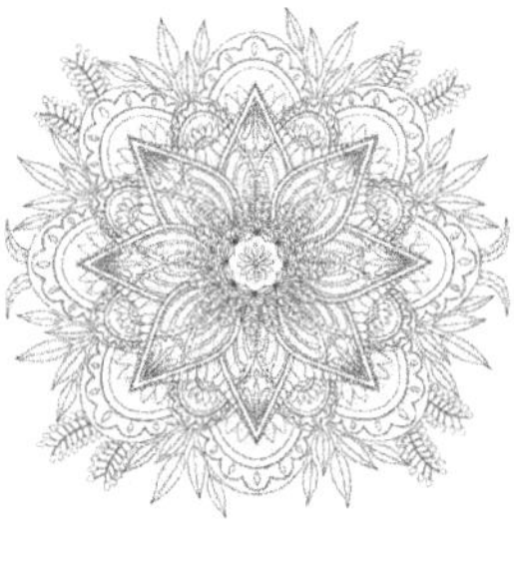

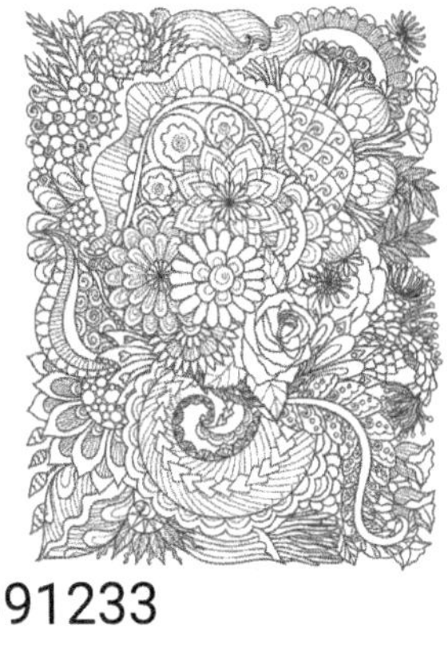

© 2021 Carole Lamby - Tous droits réservés - ISBN : 9798738991233

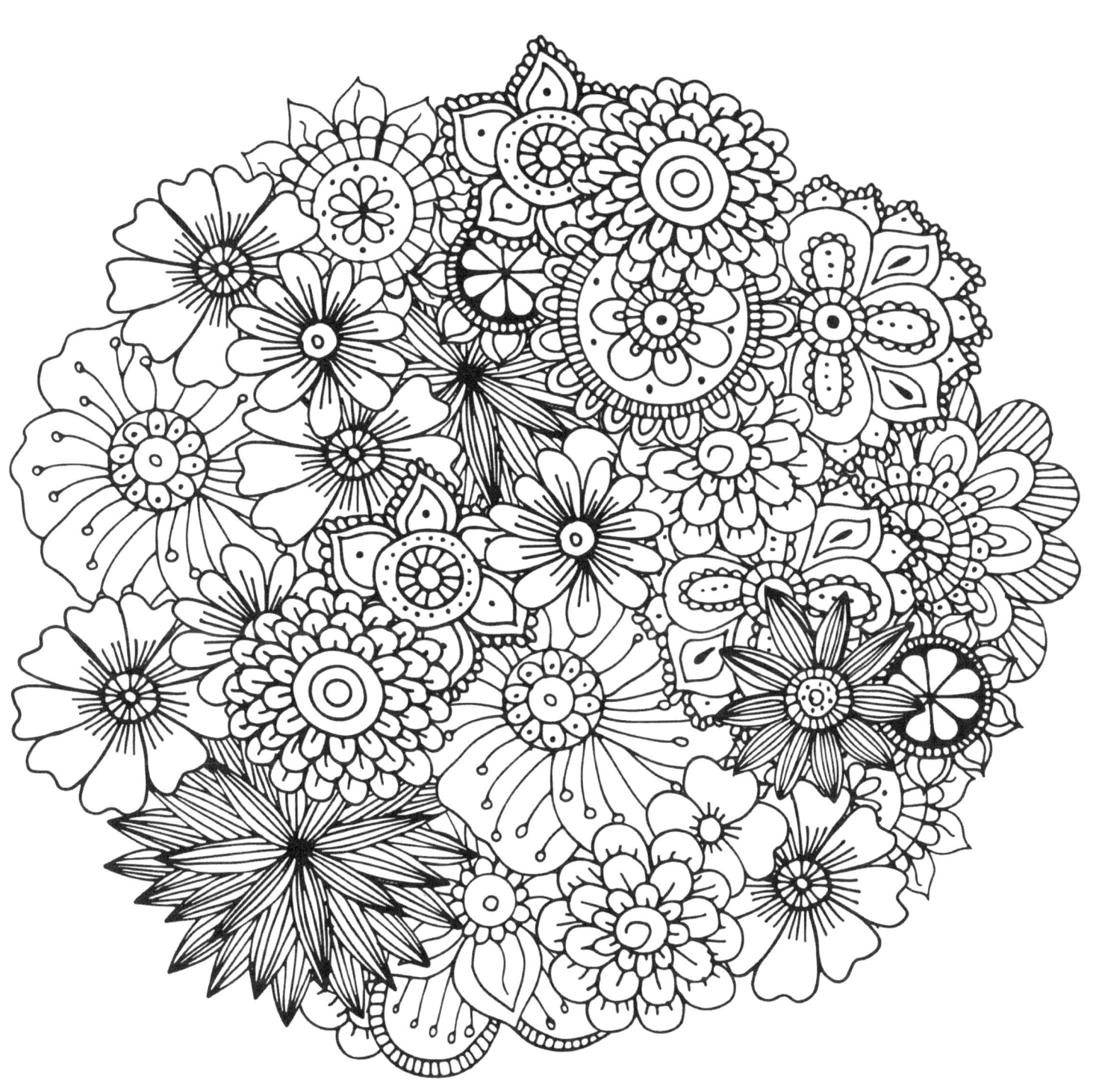

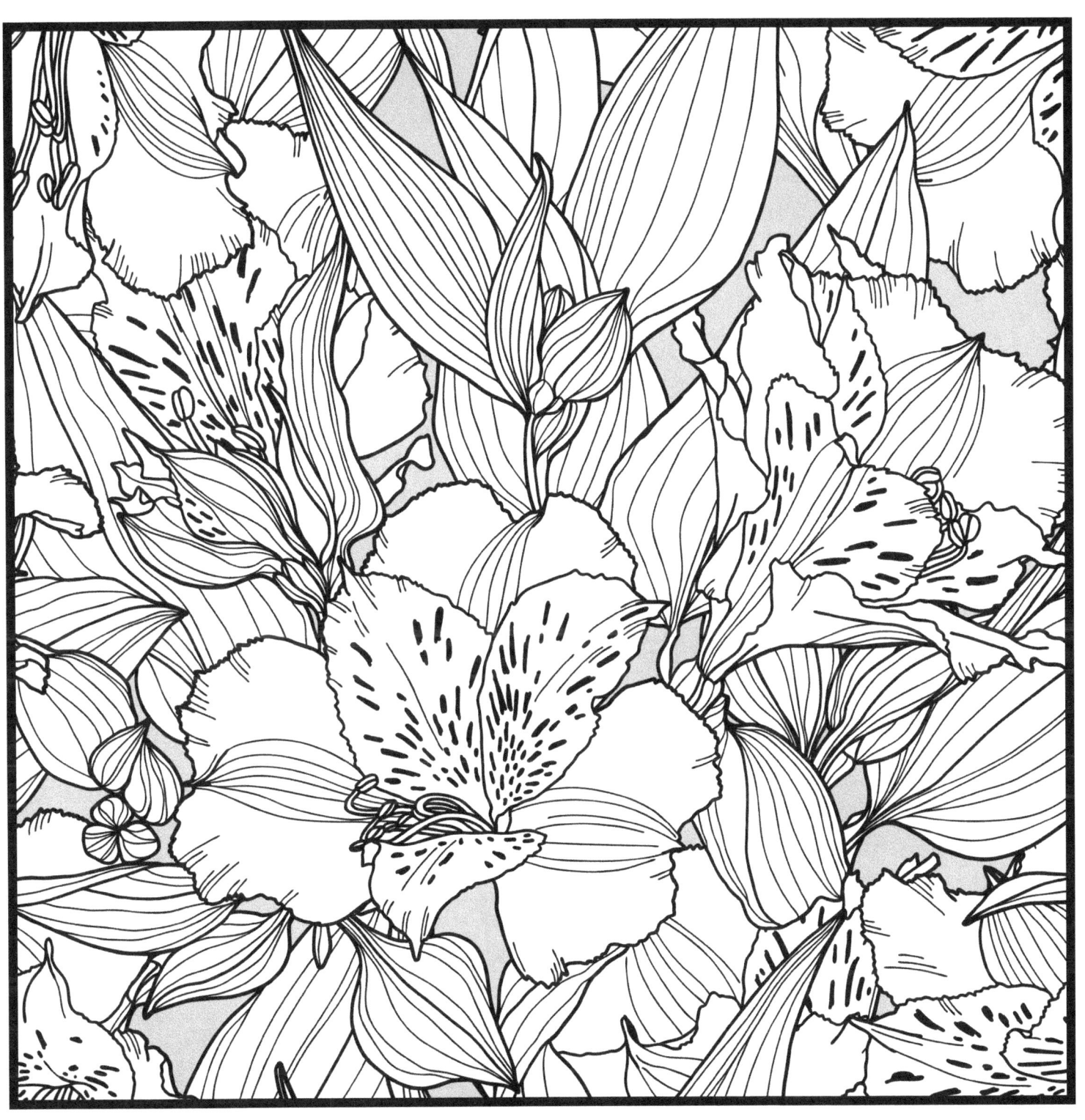

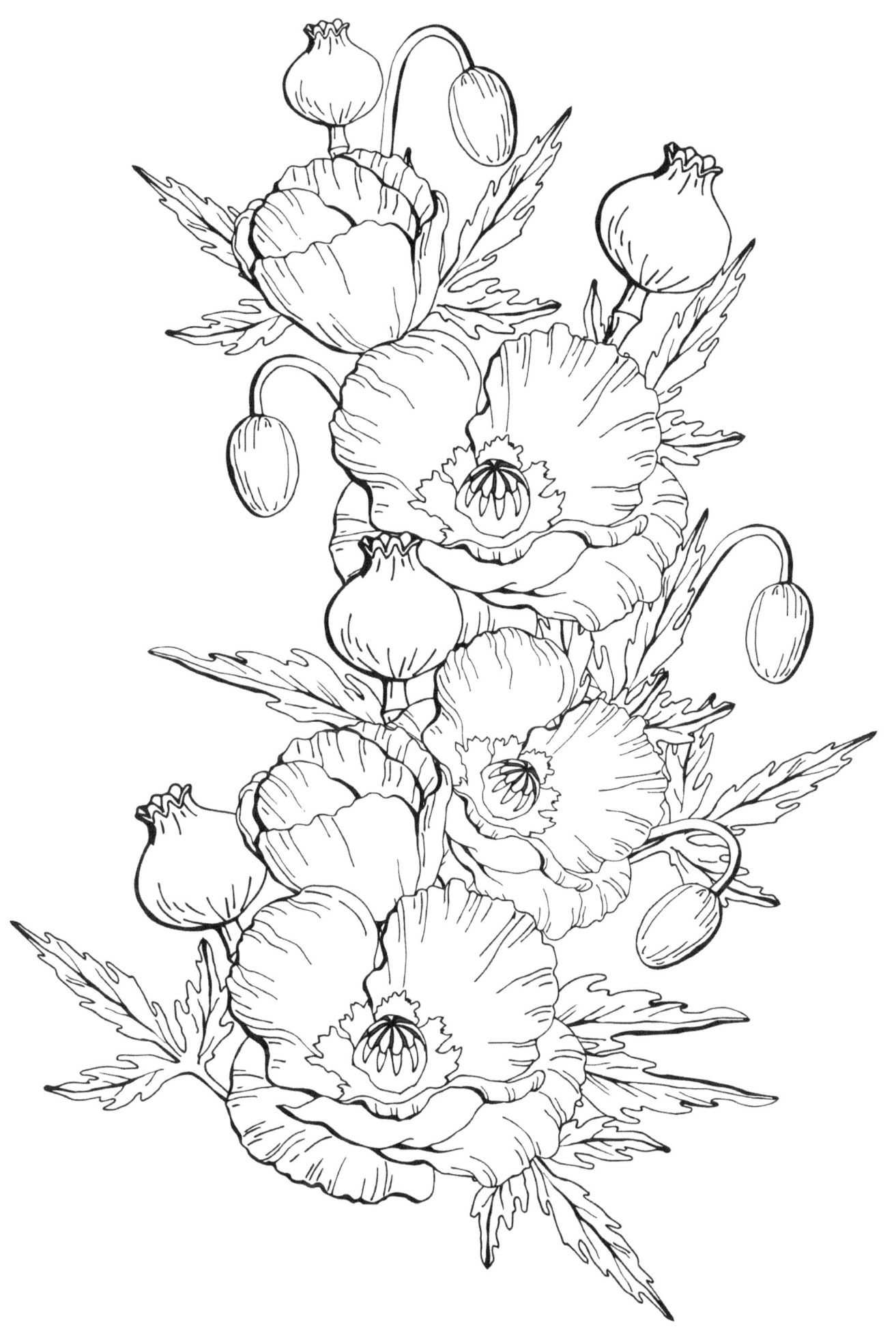

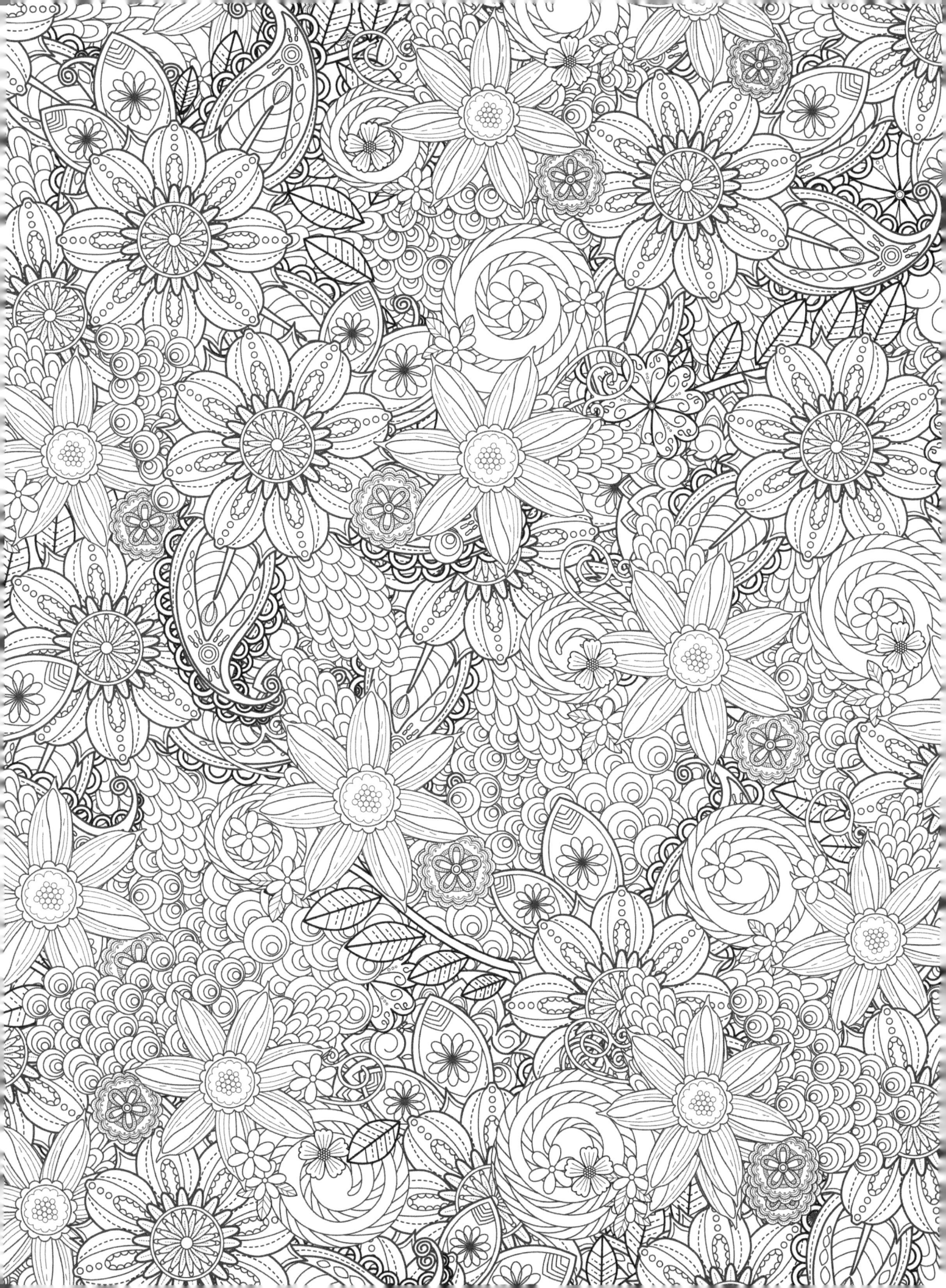

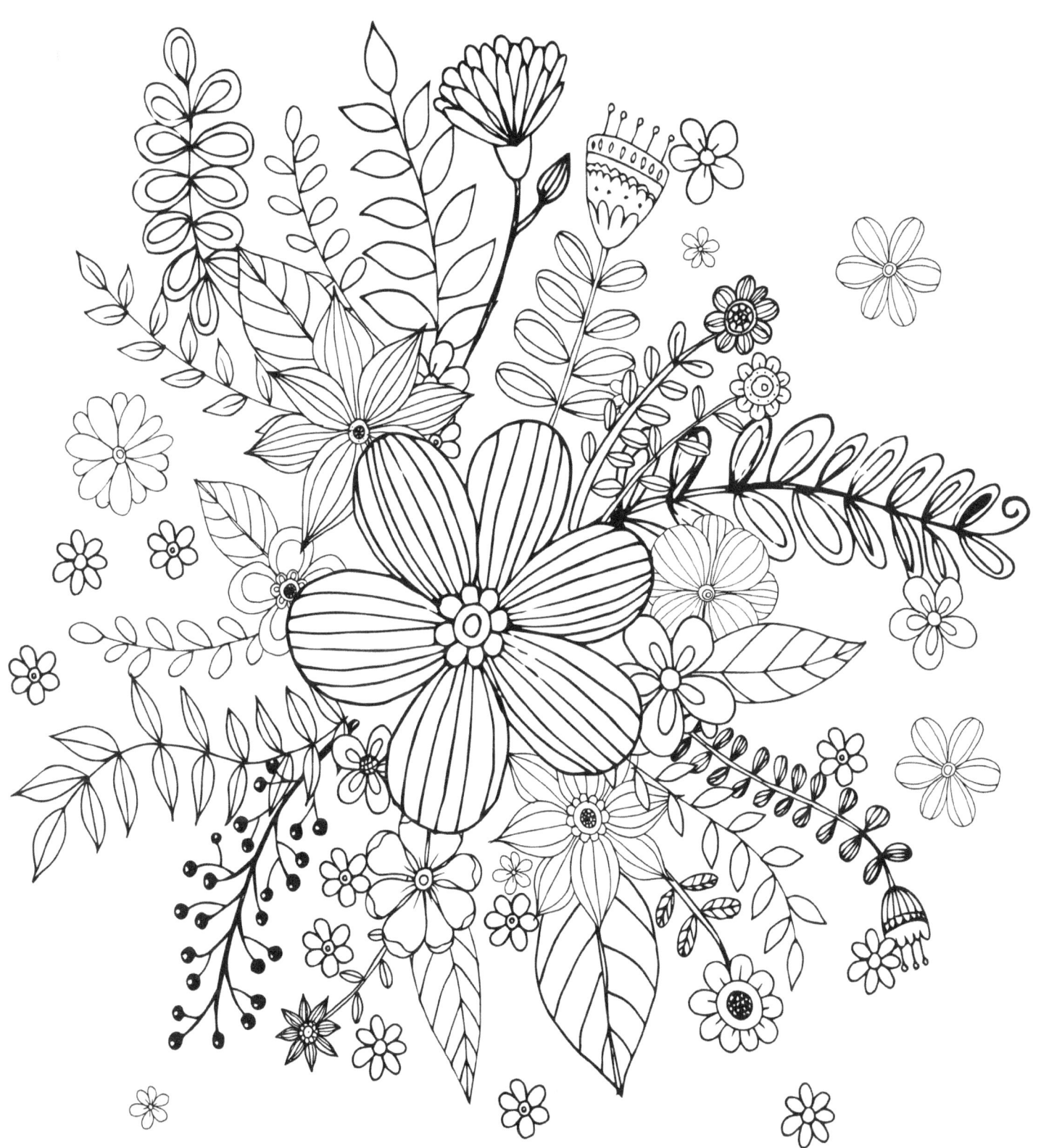

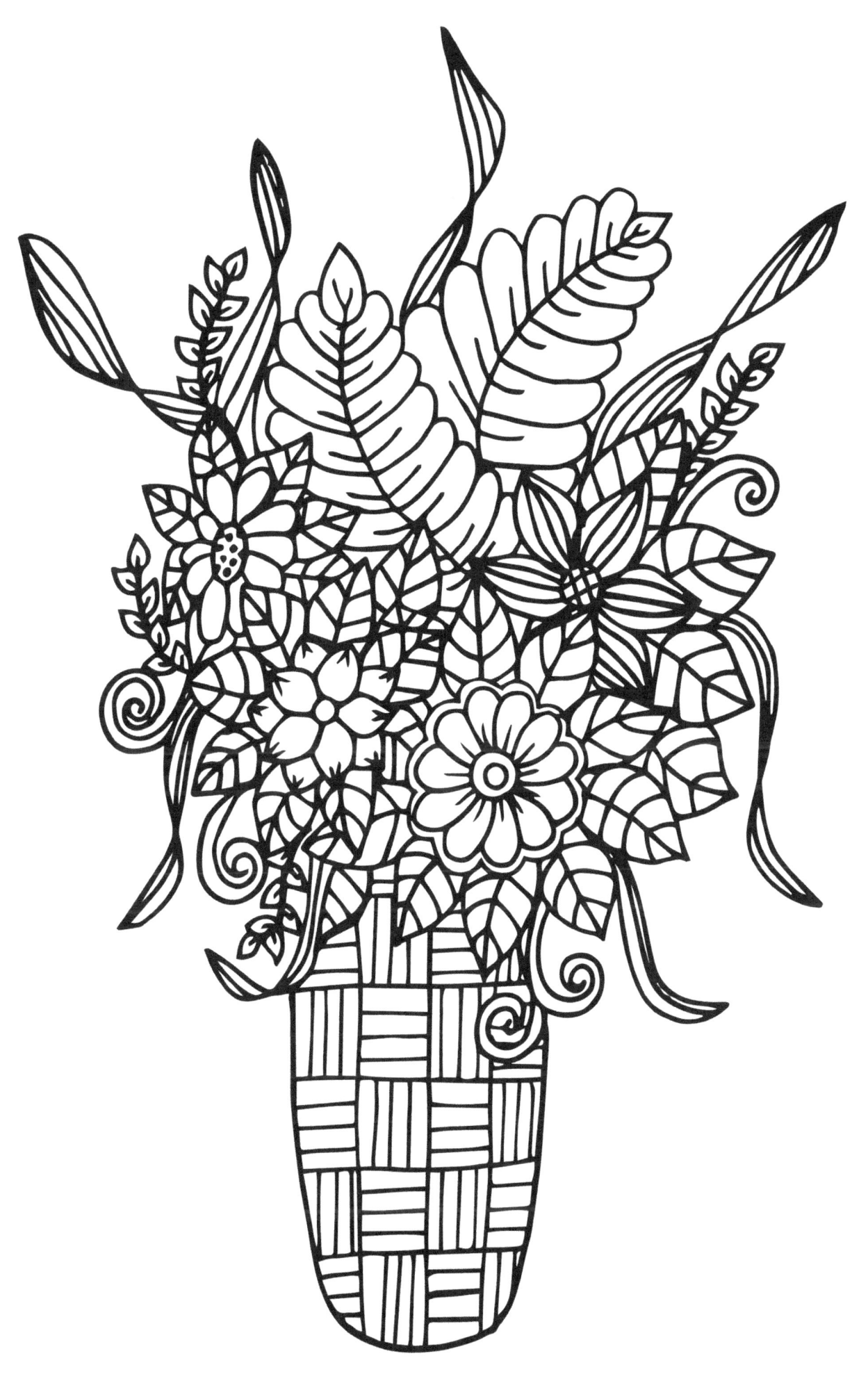

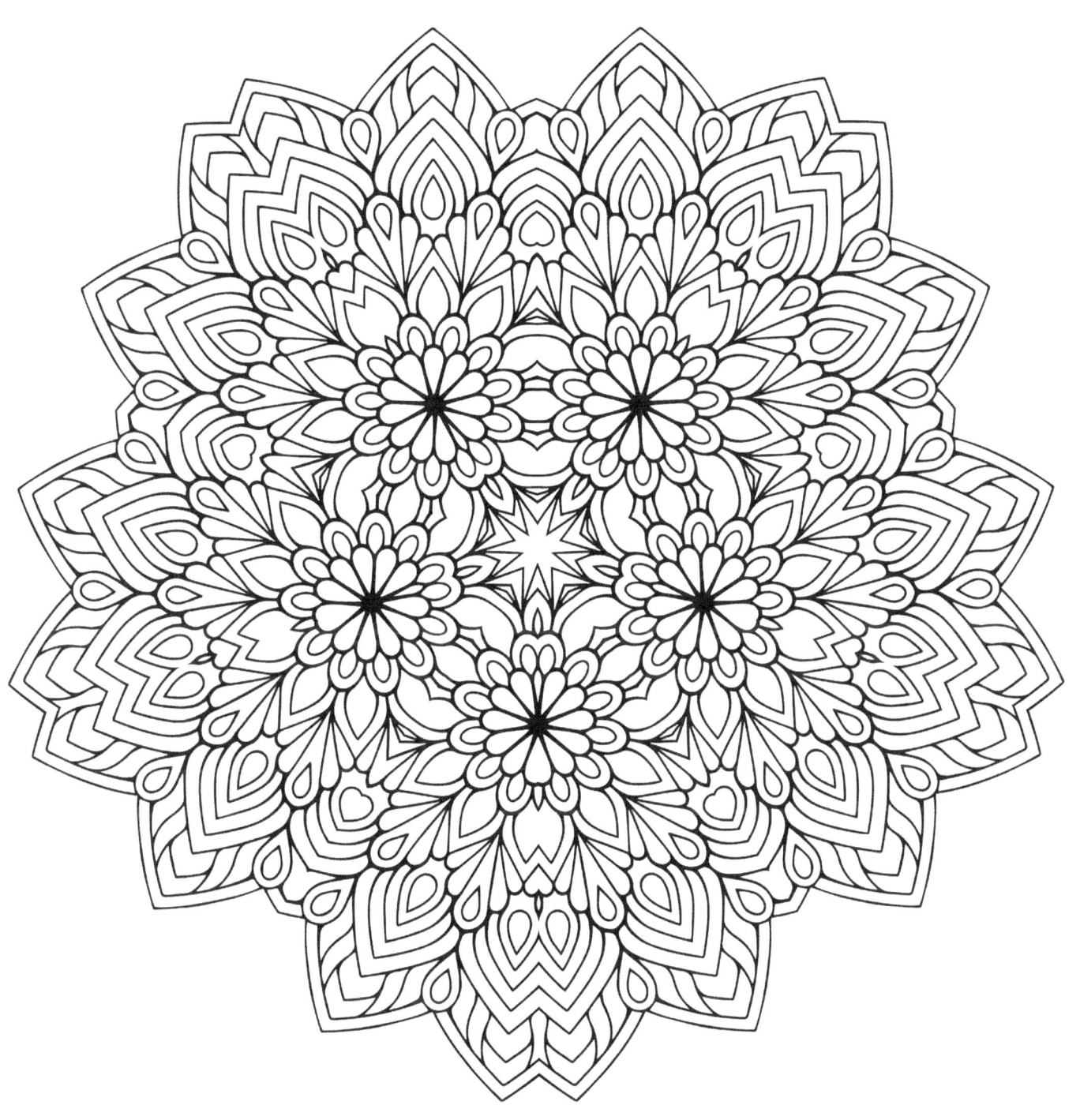

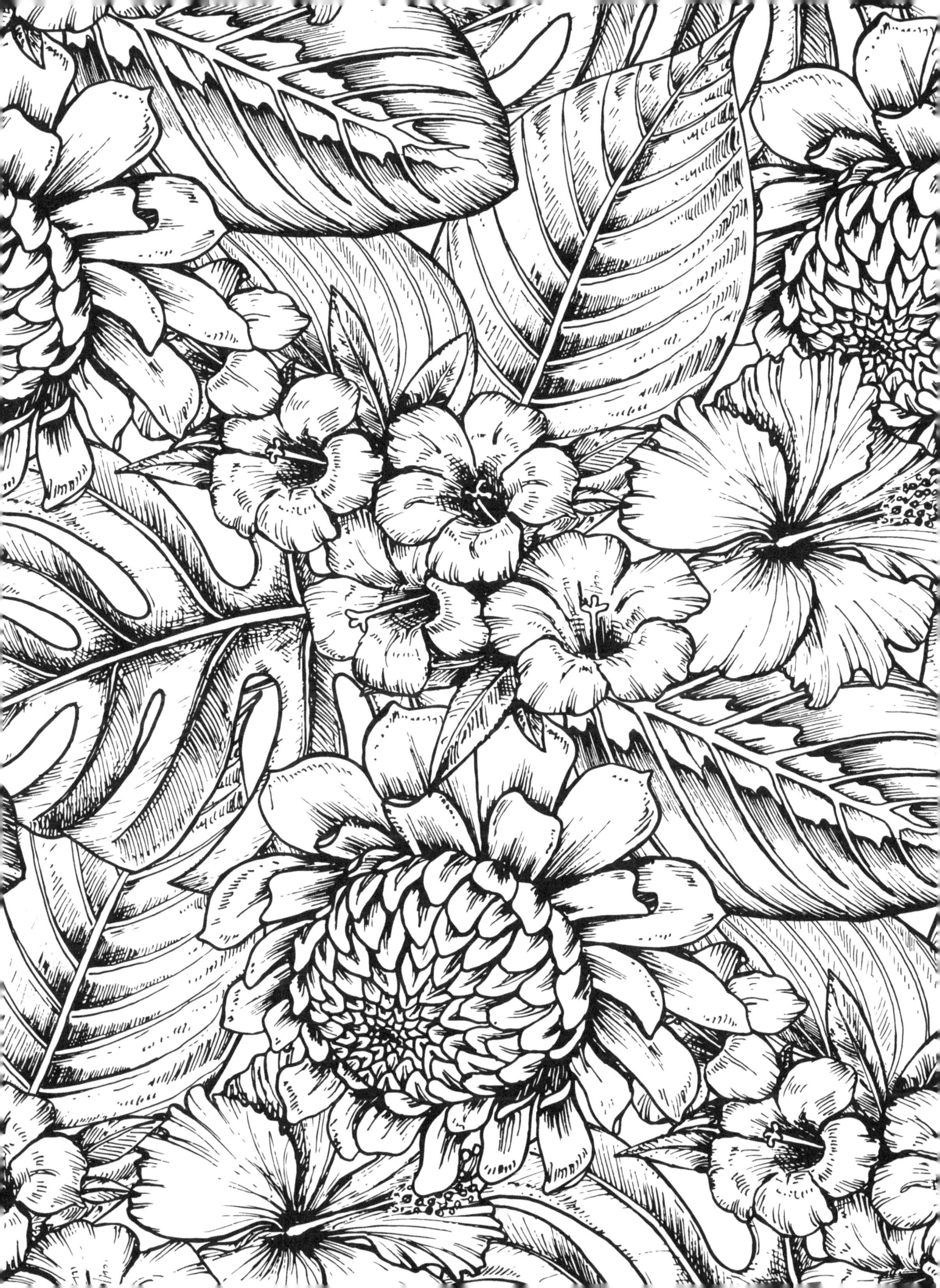

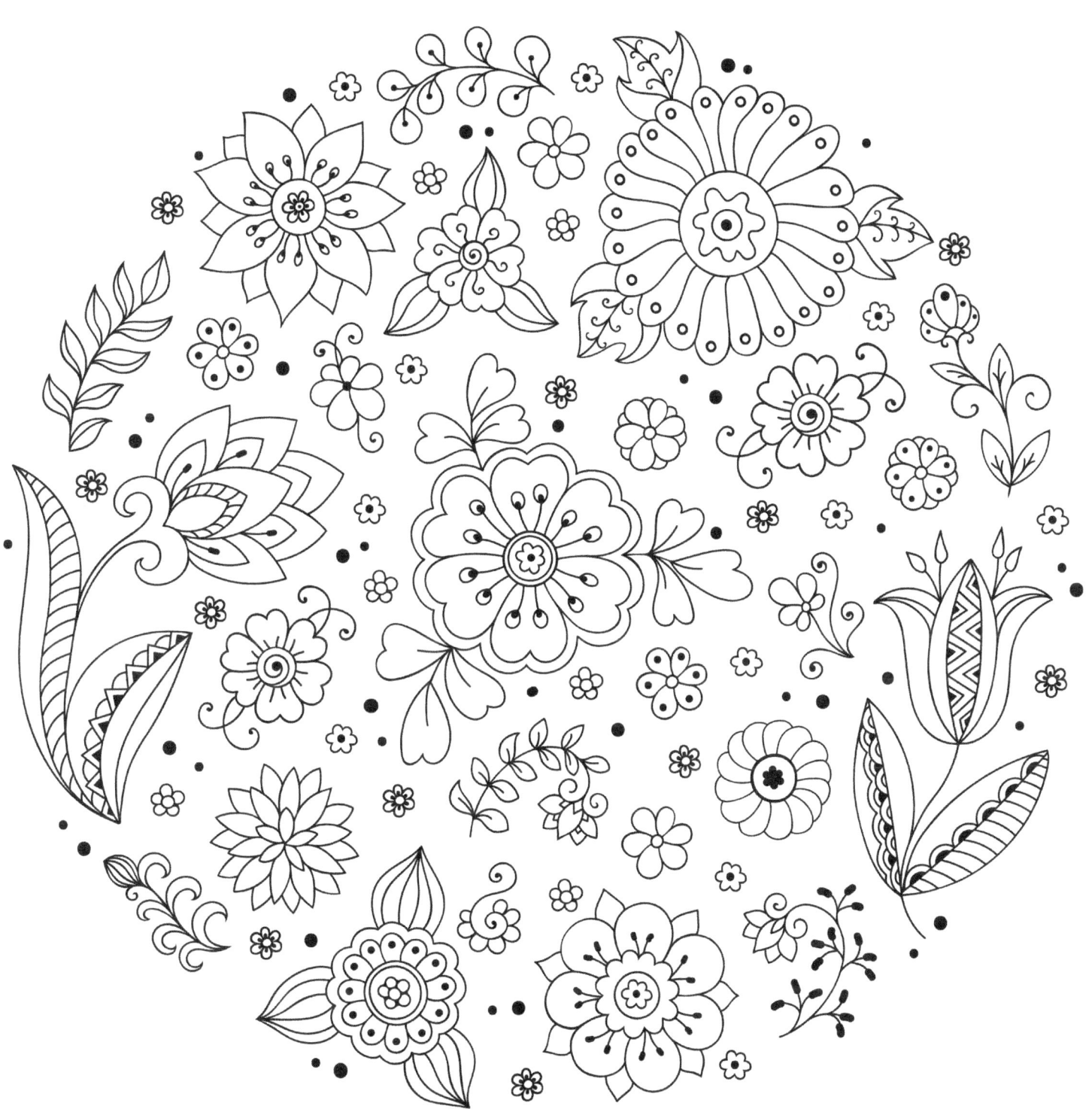

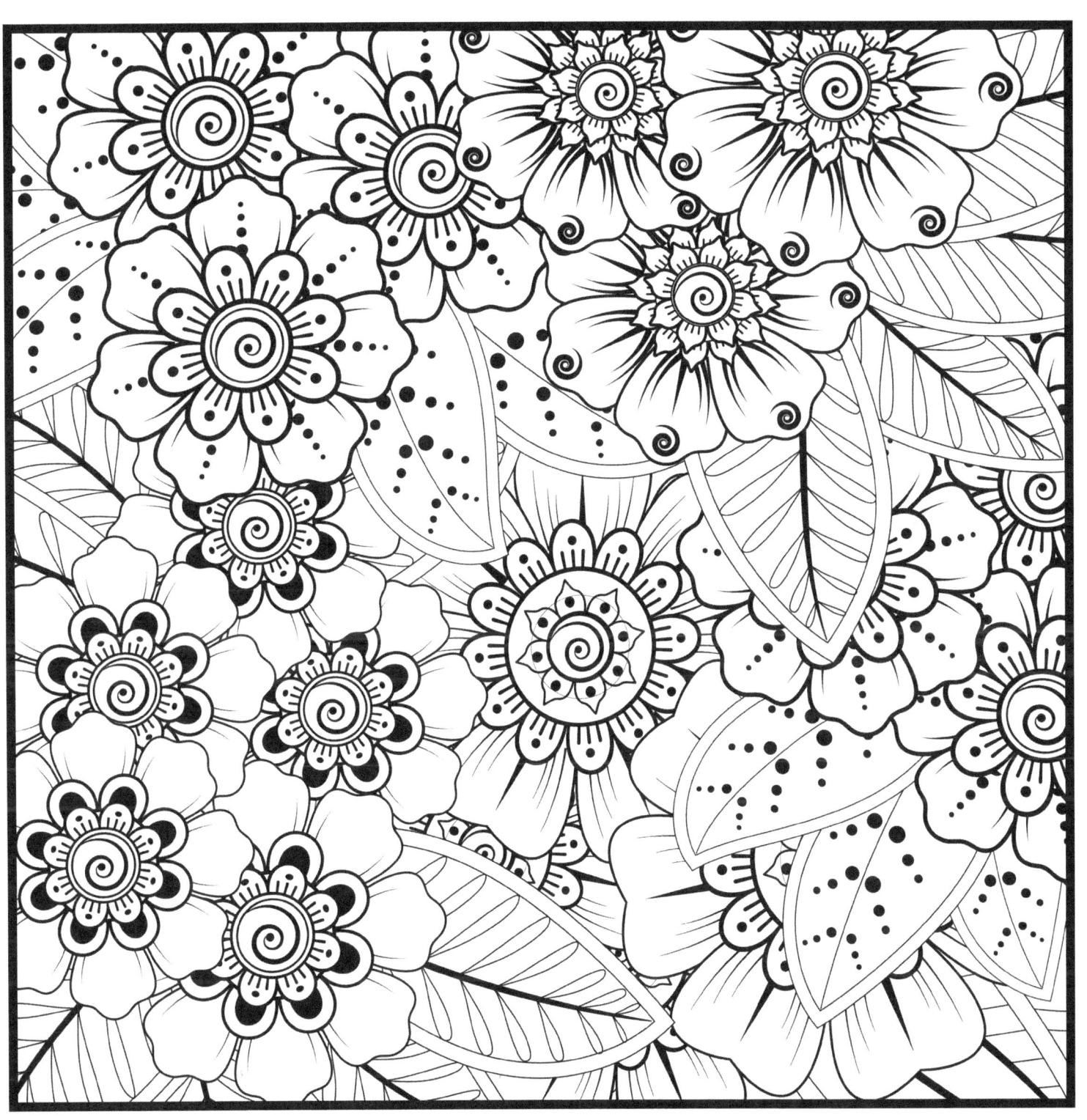

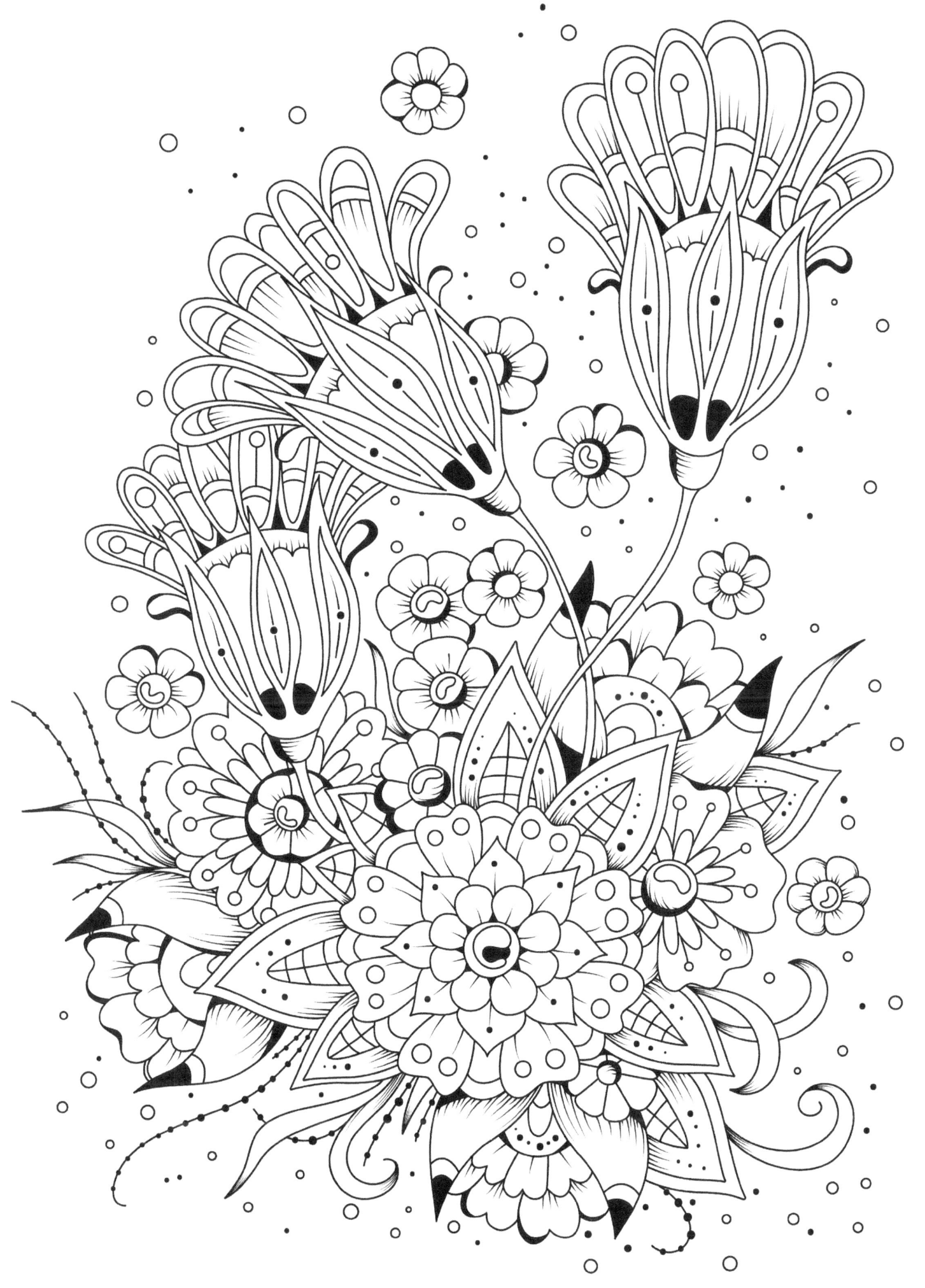

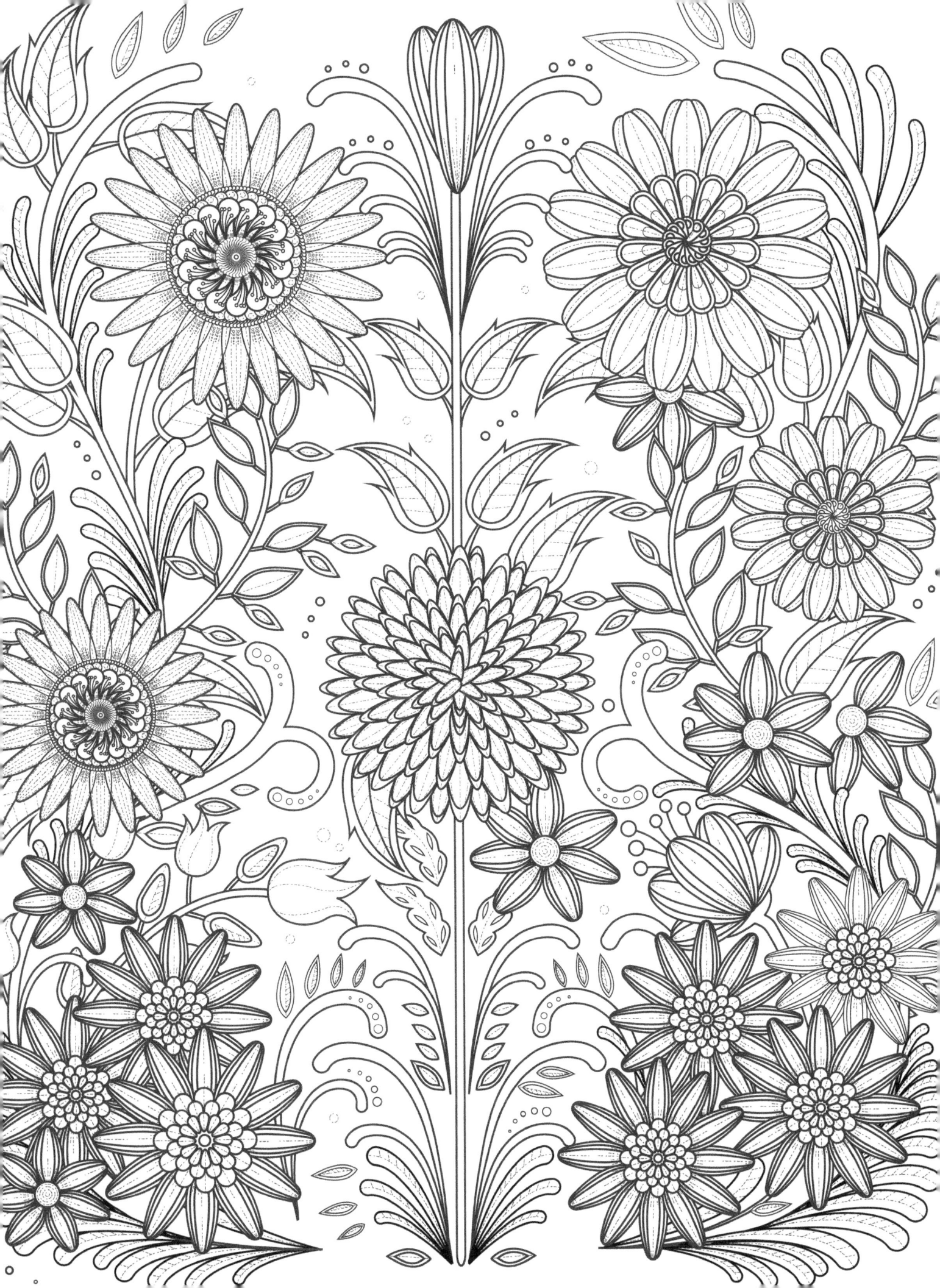

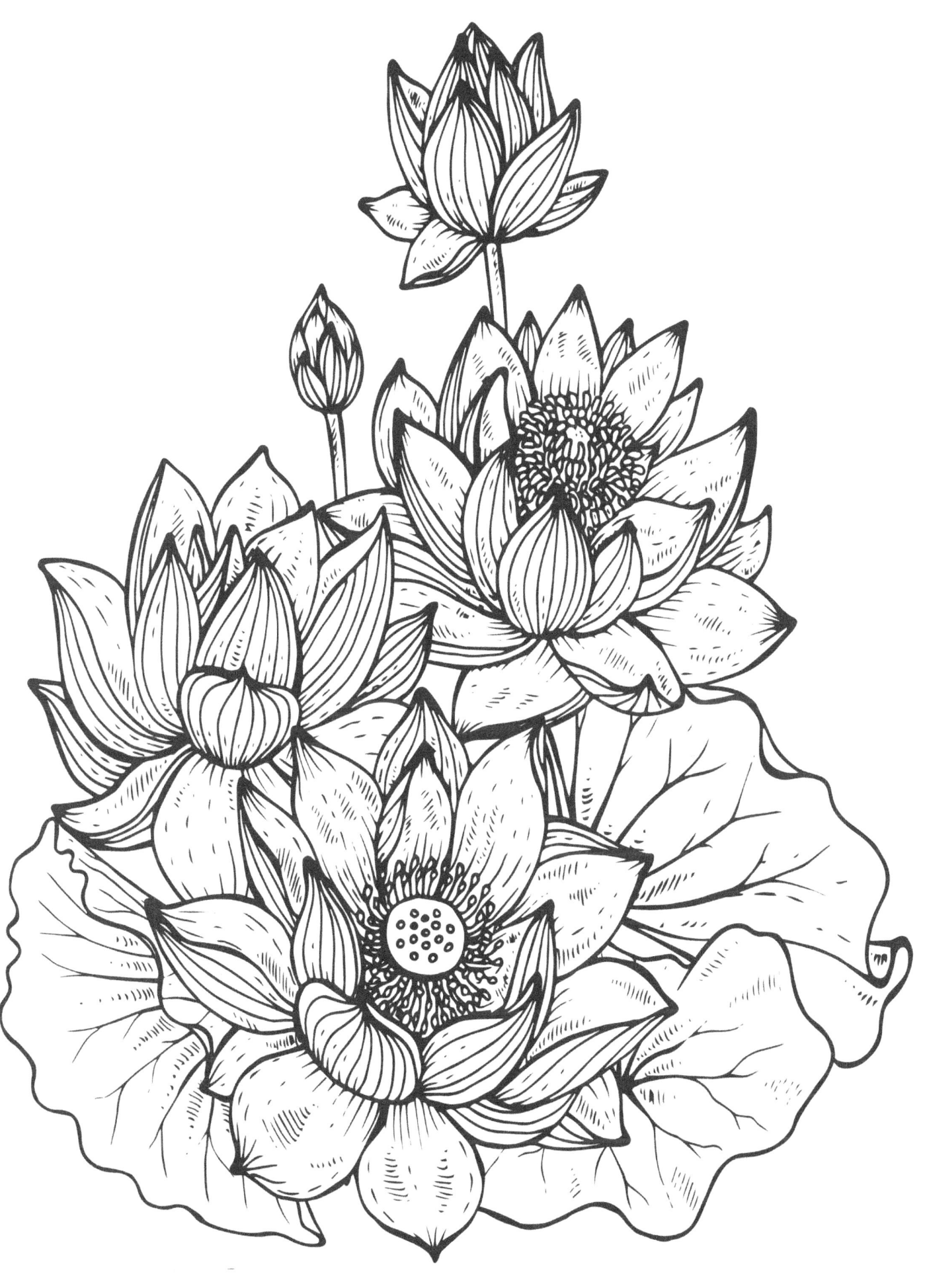

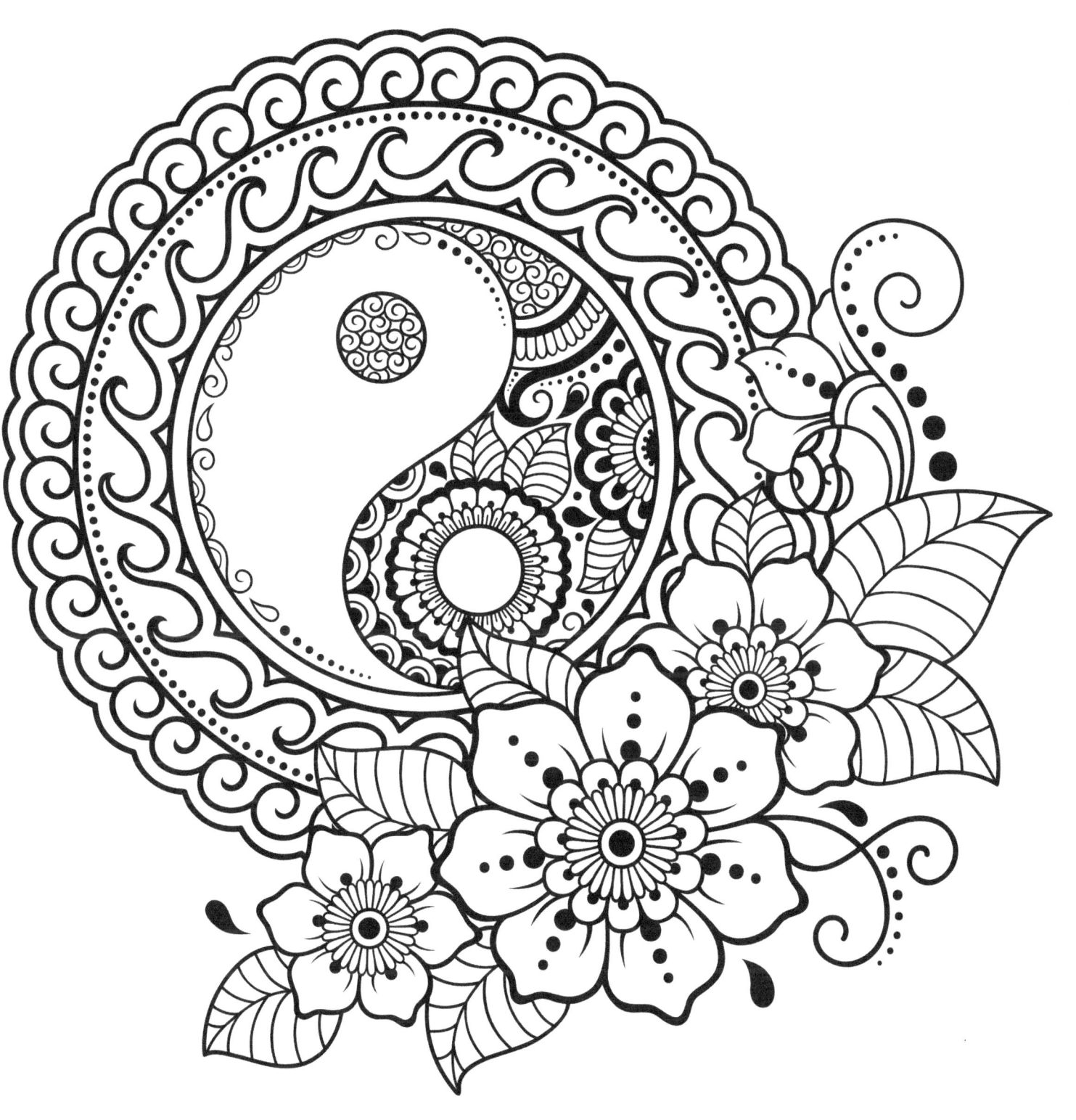

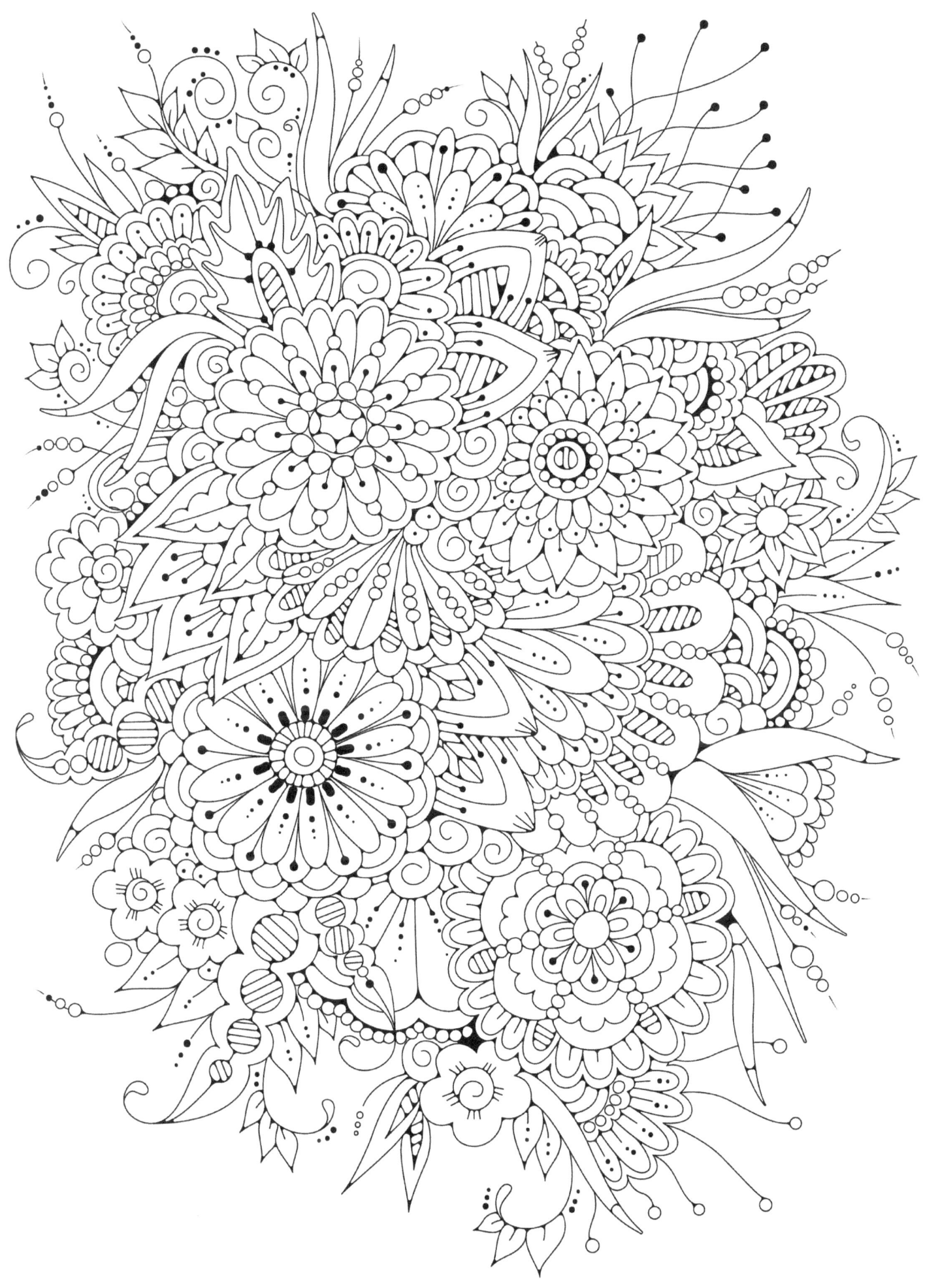

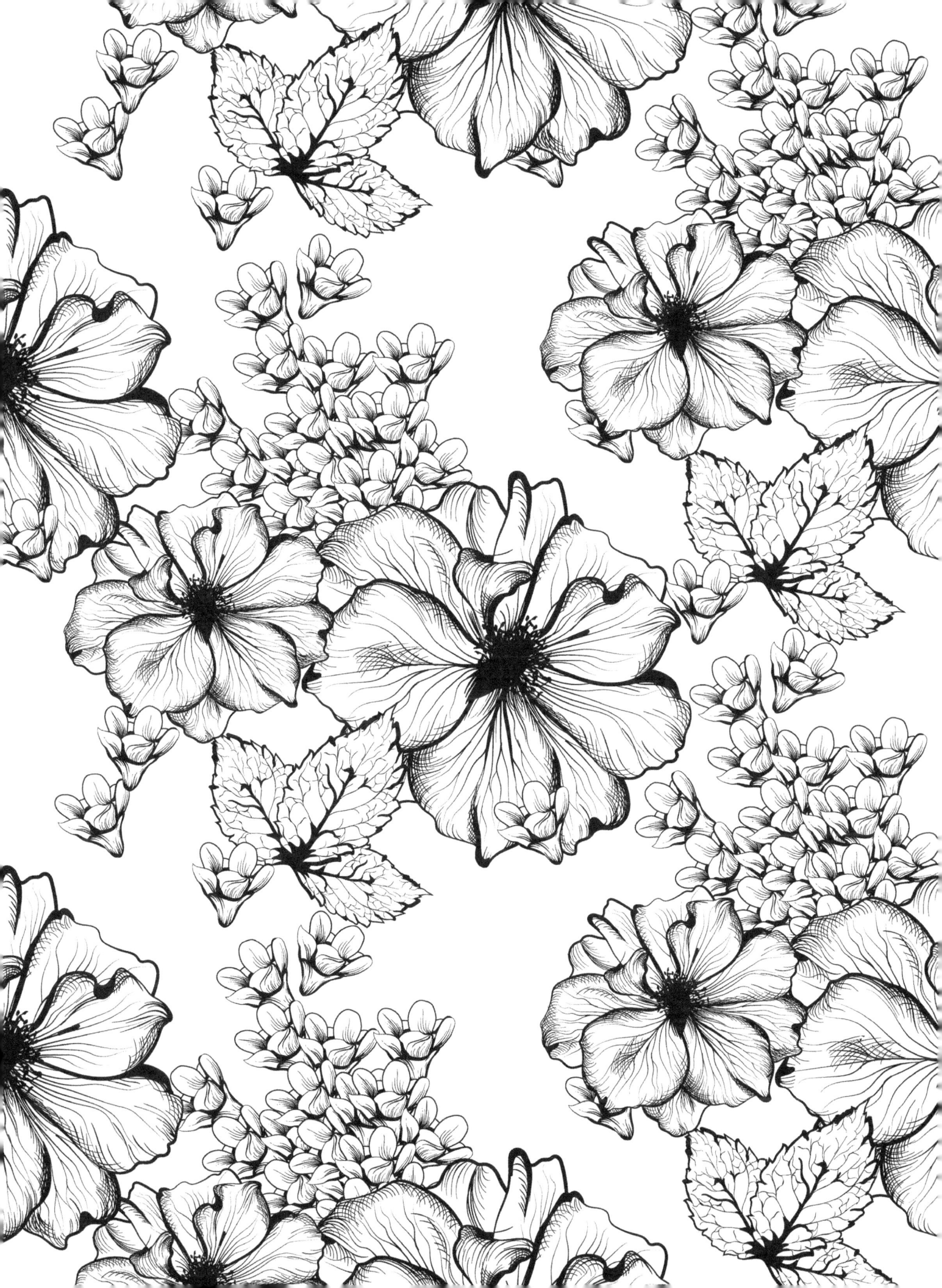

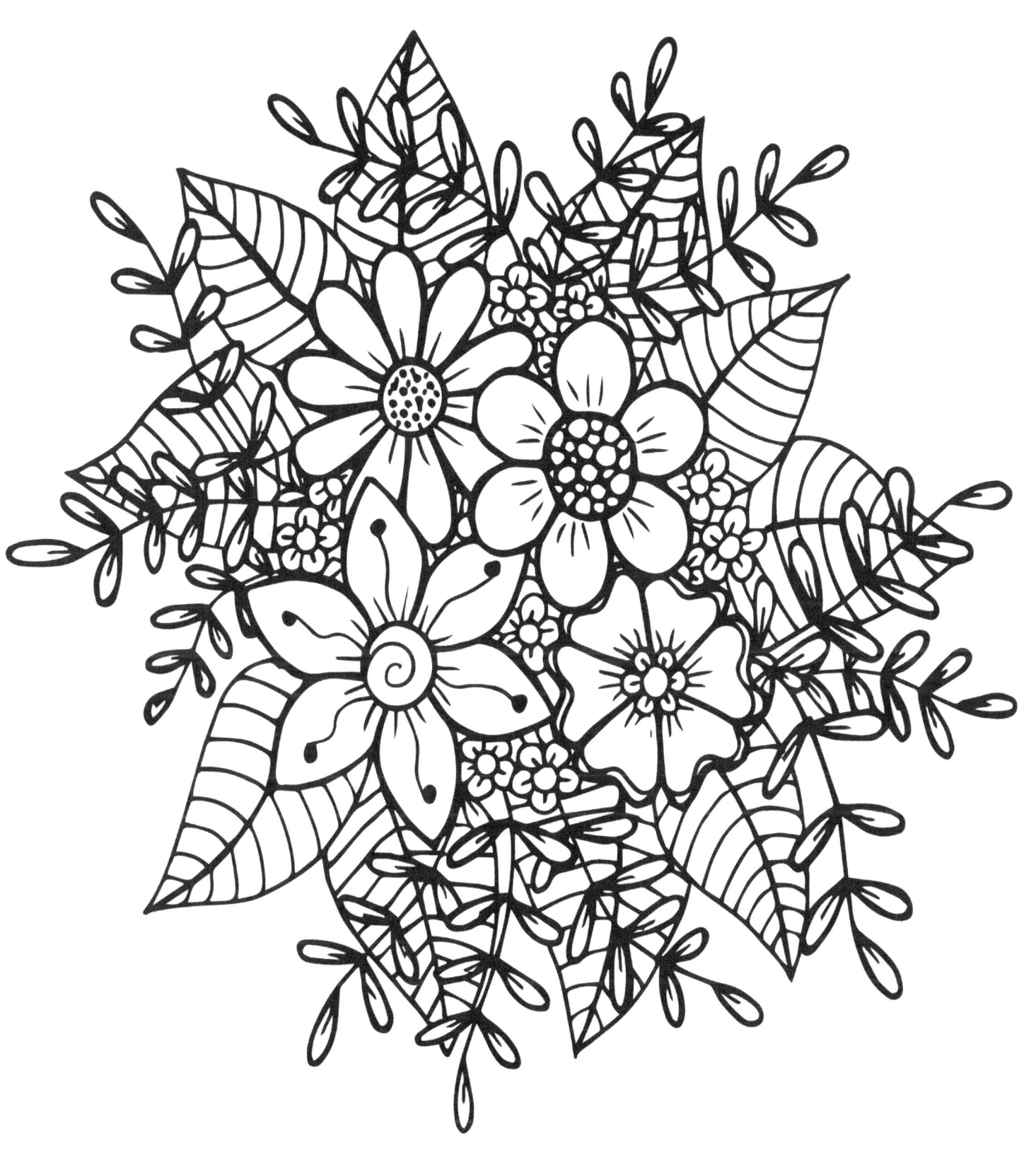

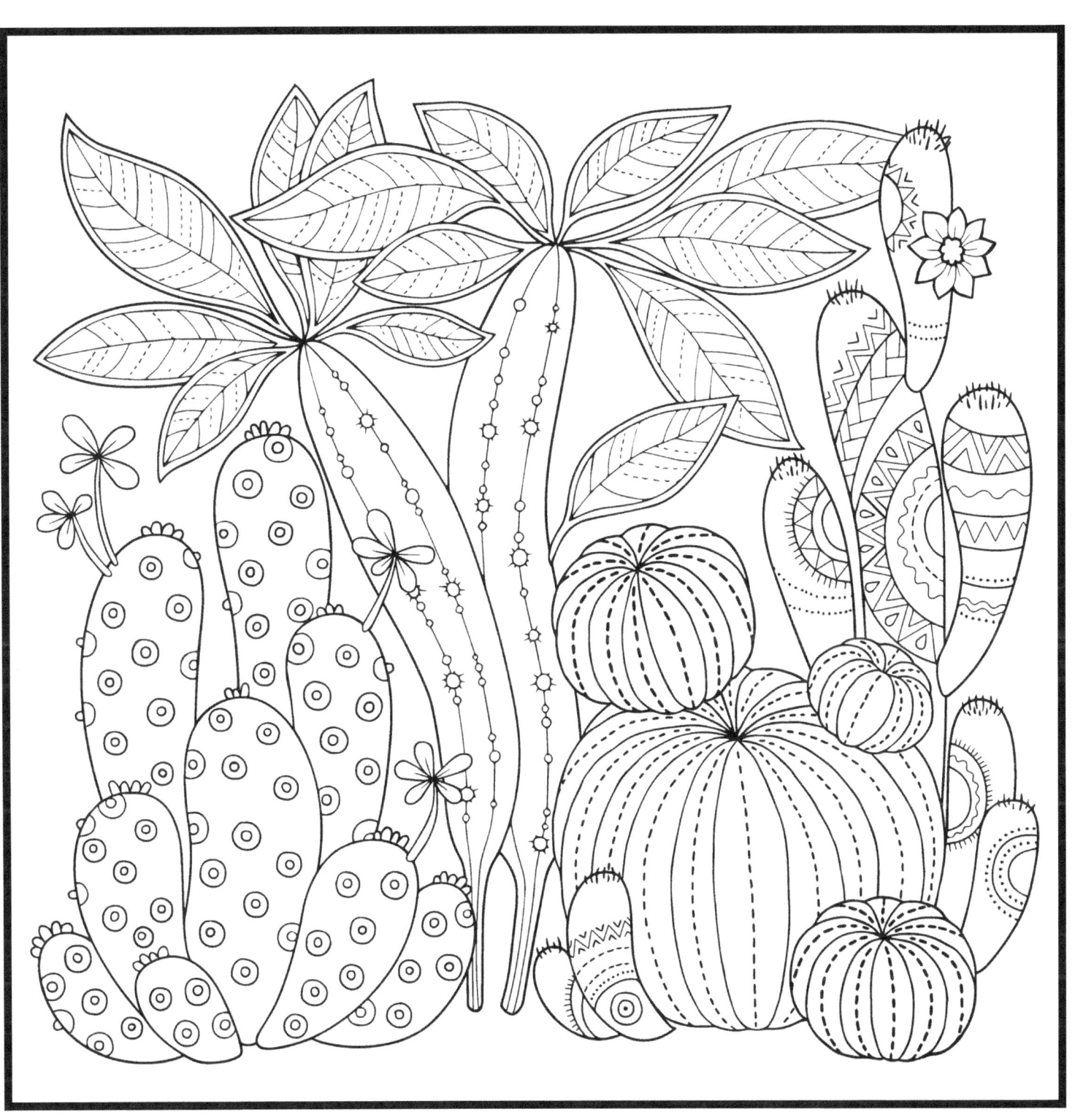

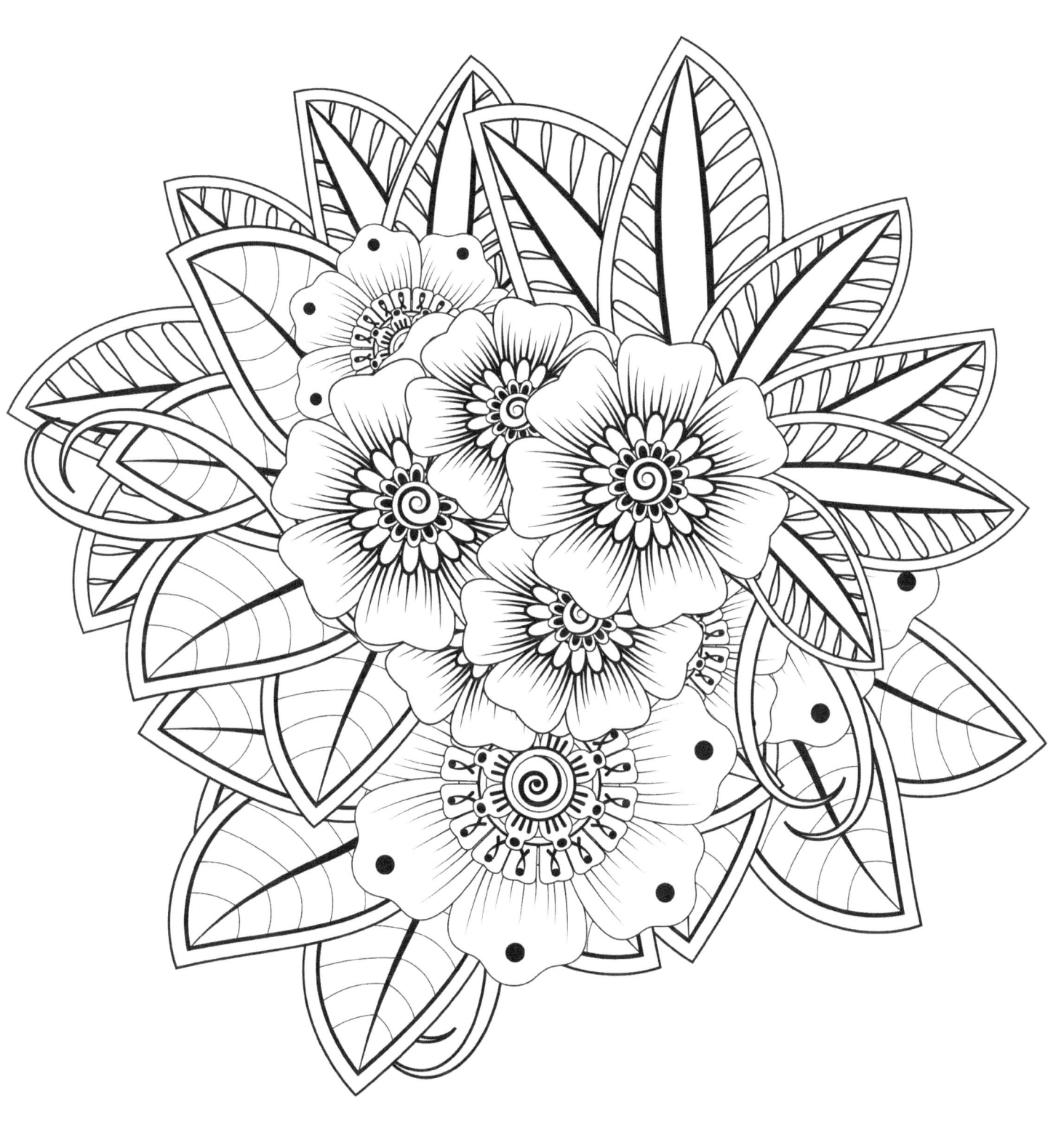

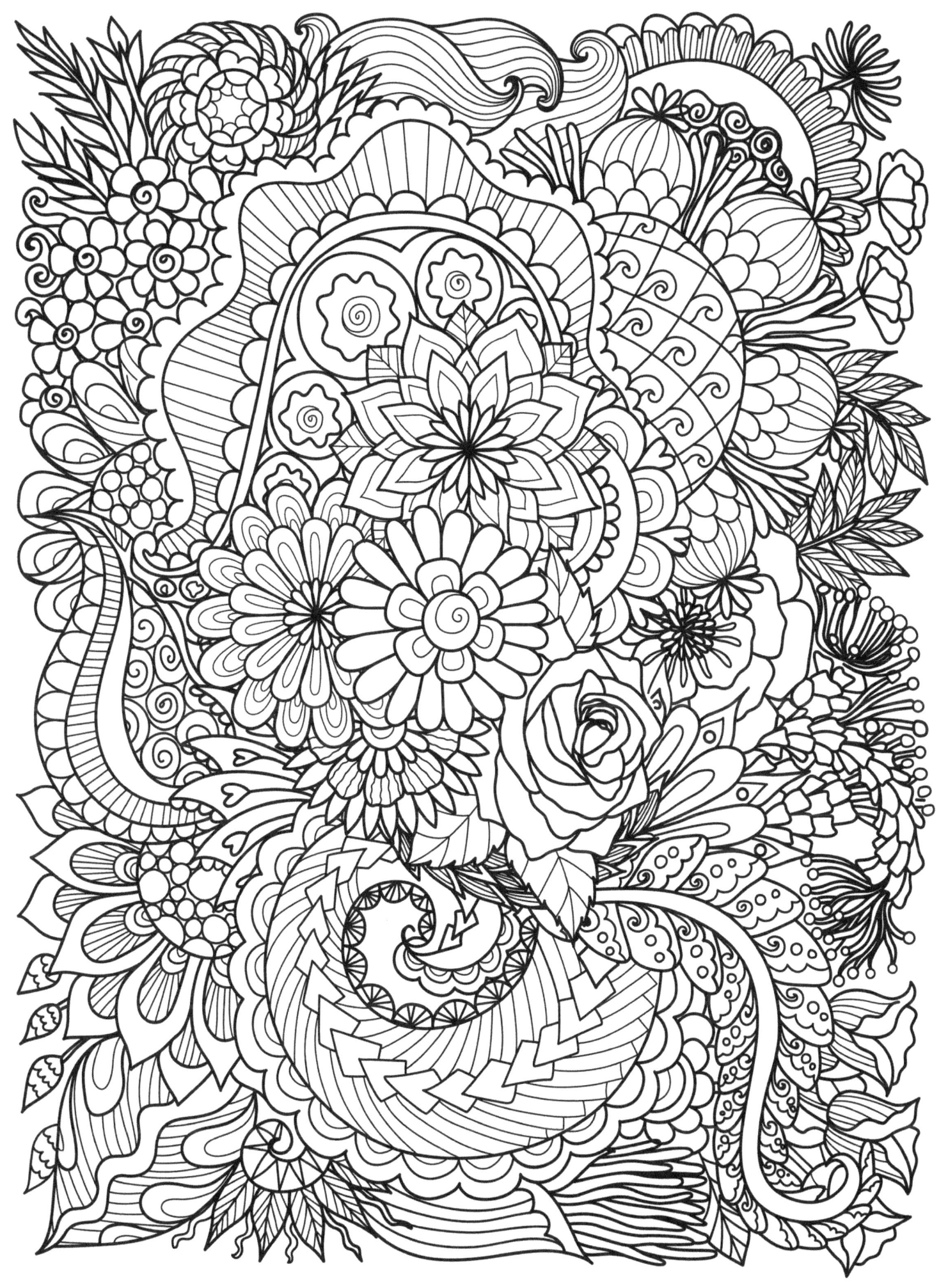

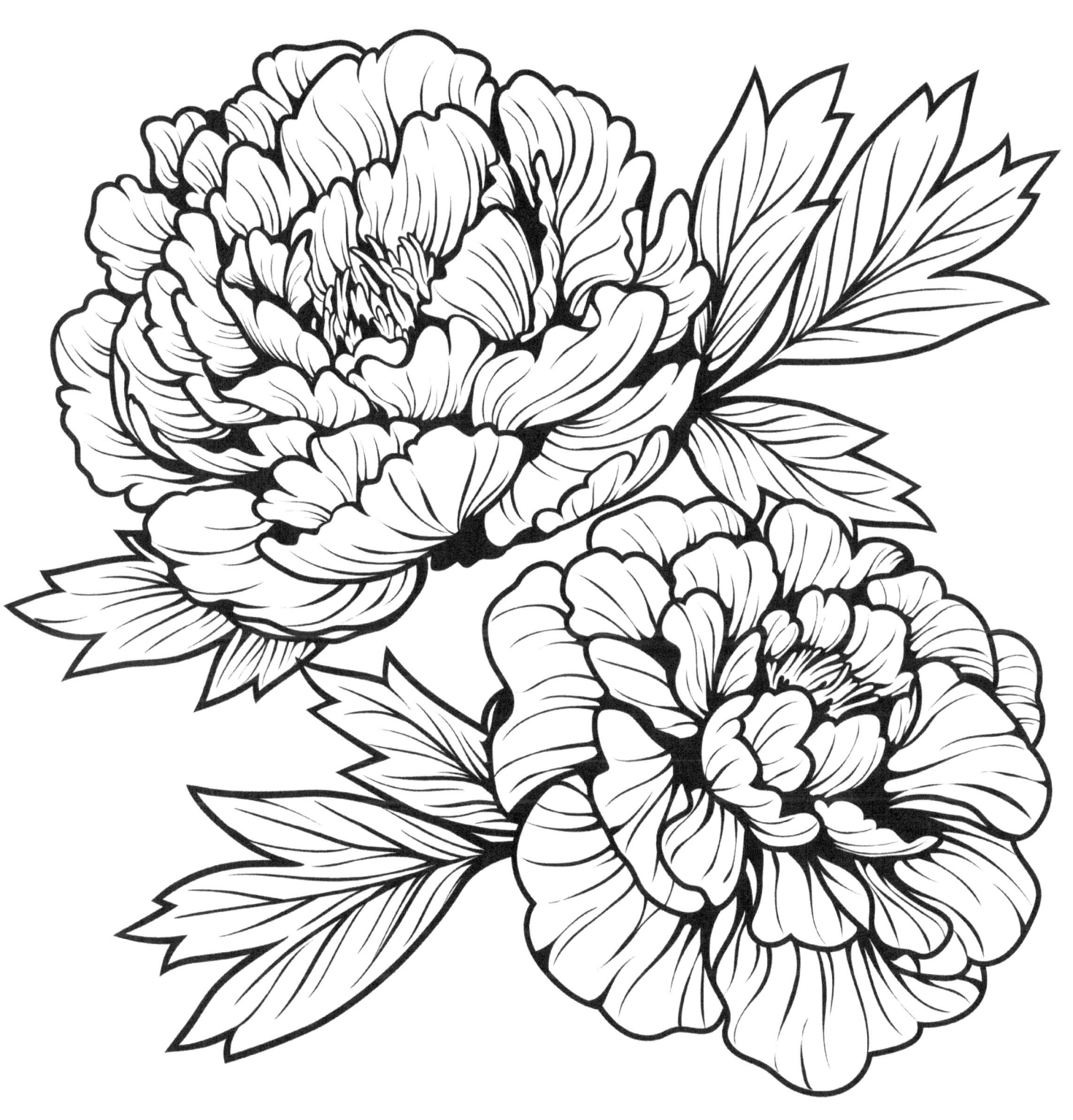

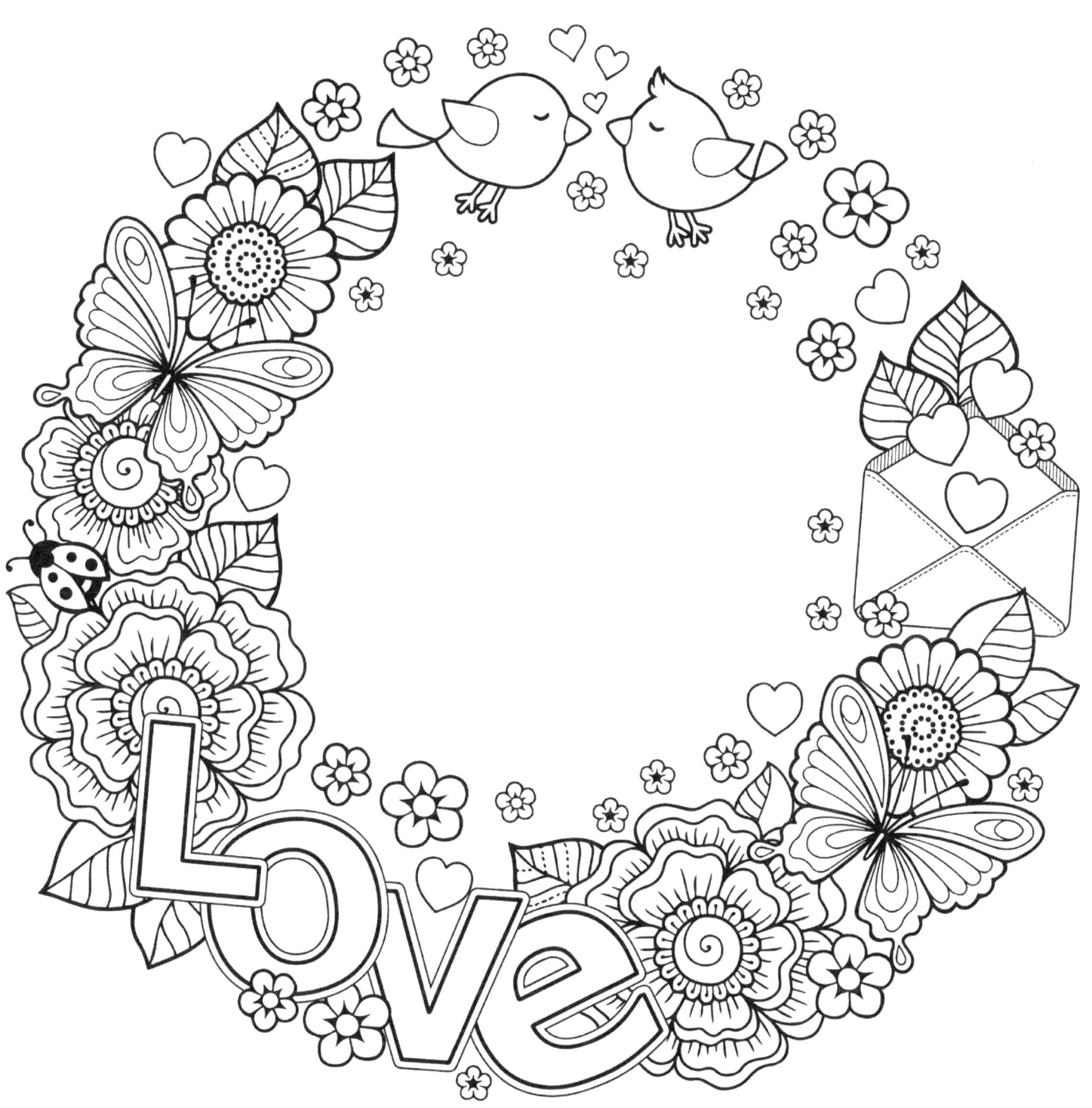

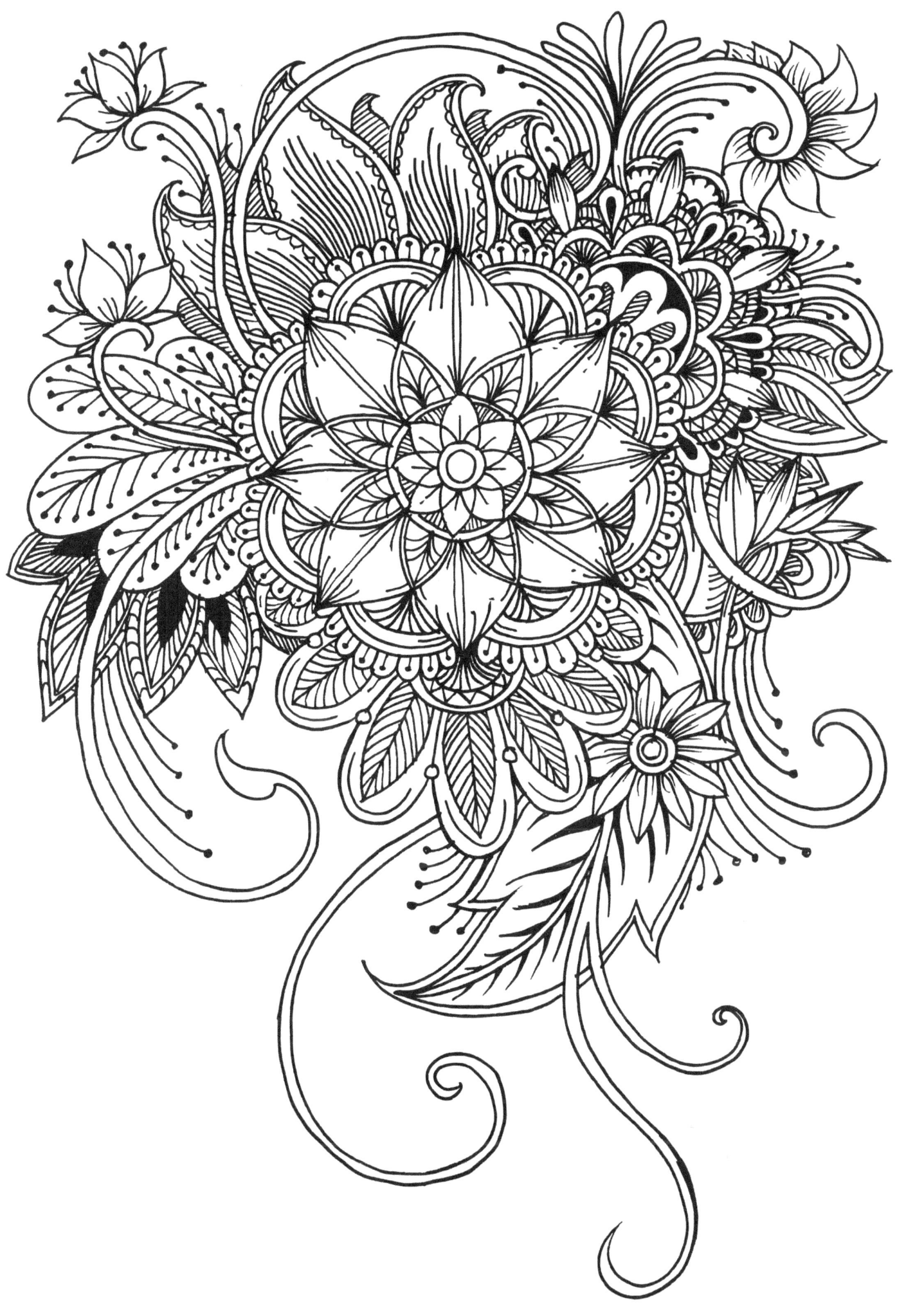

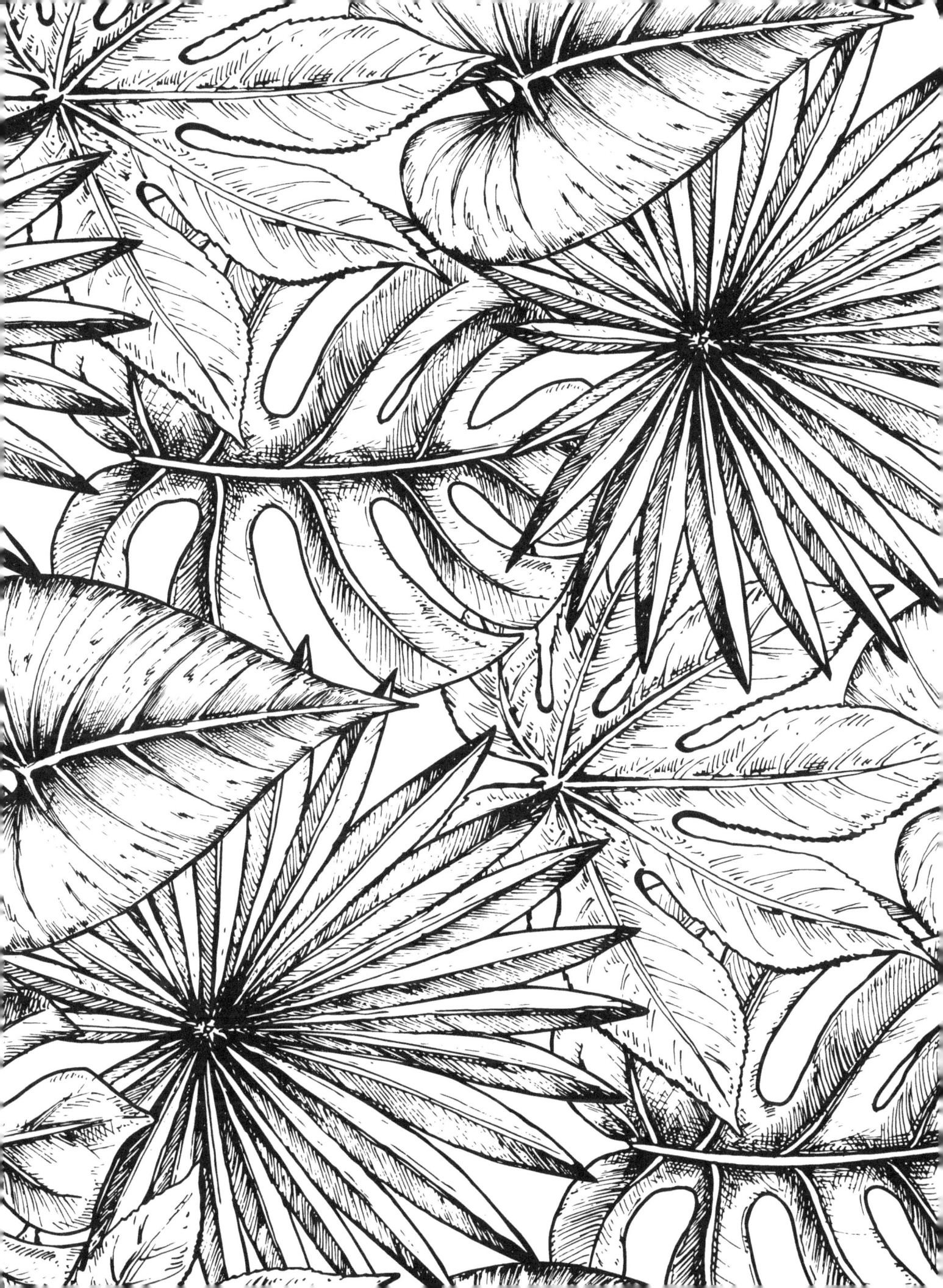

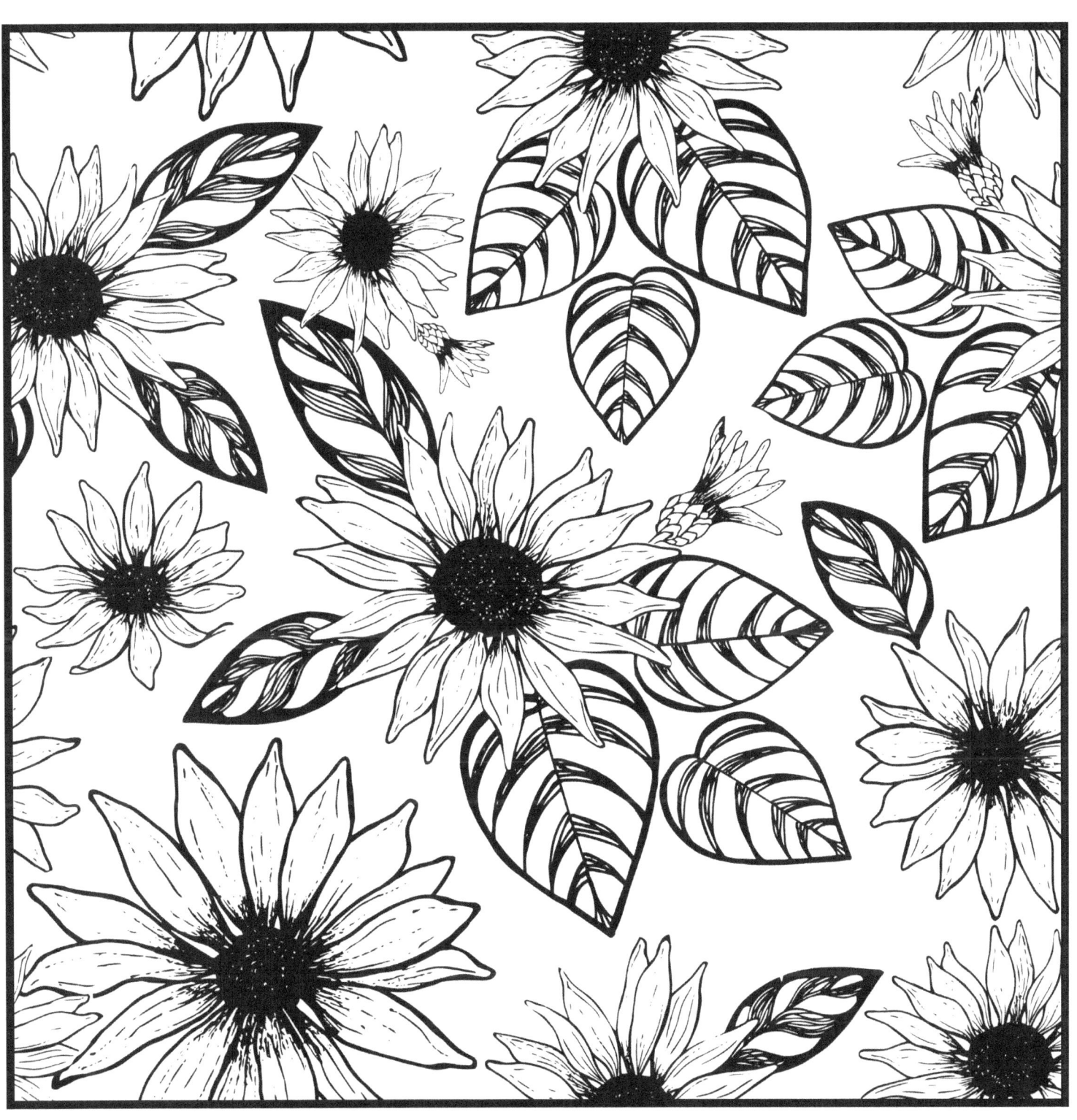

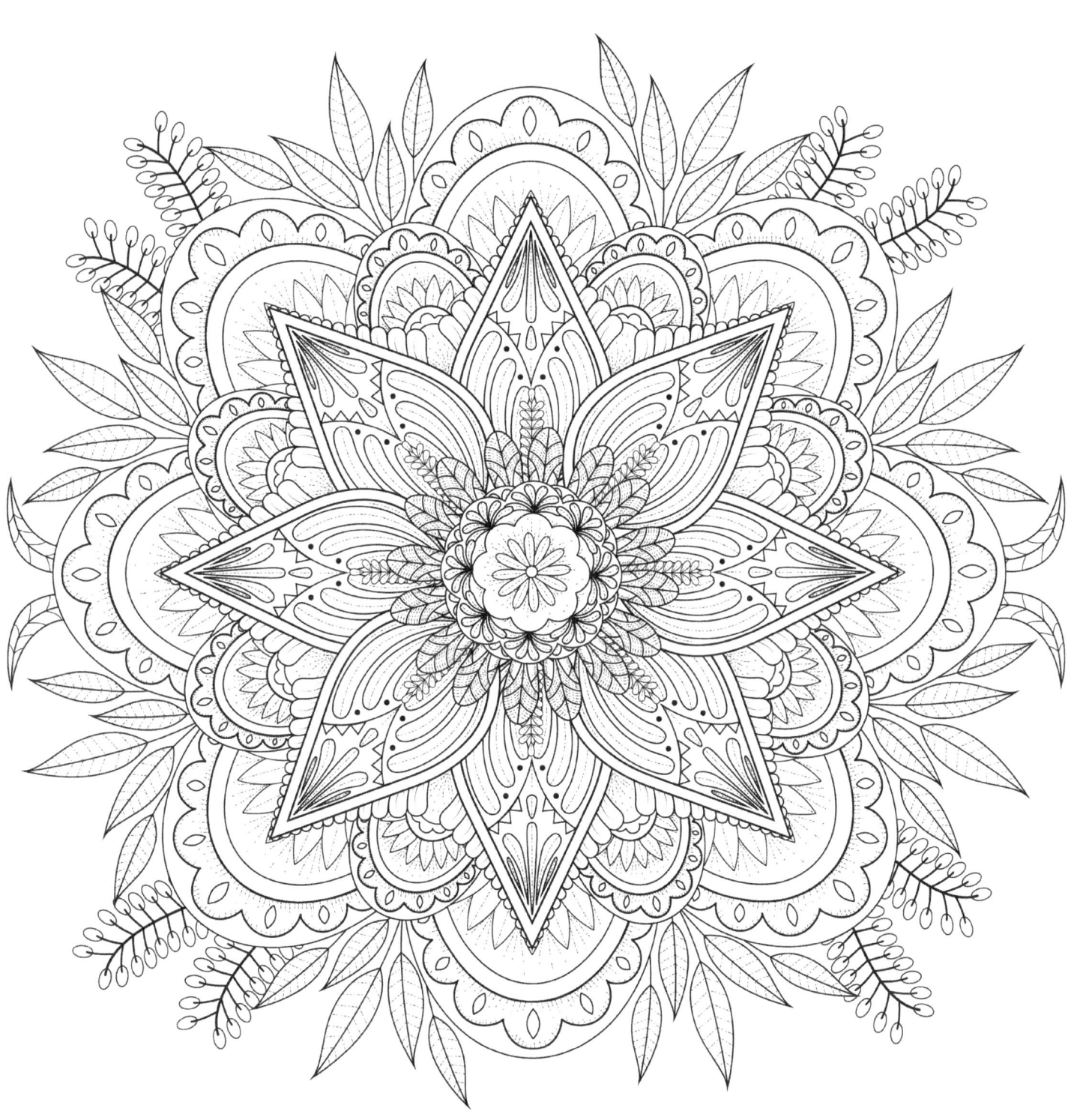

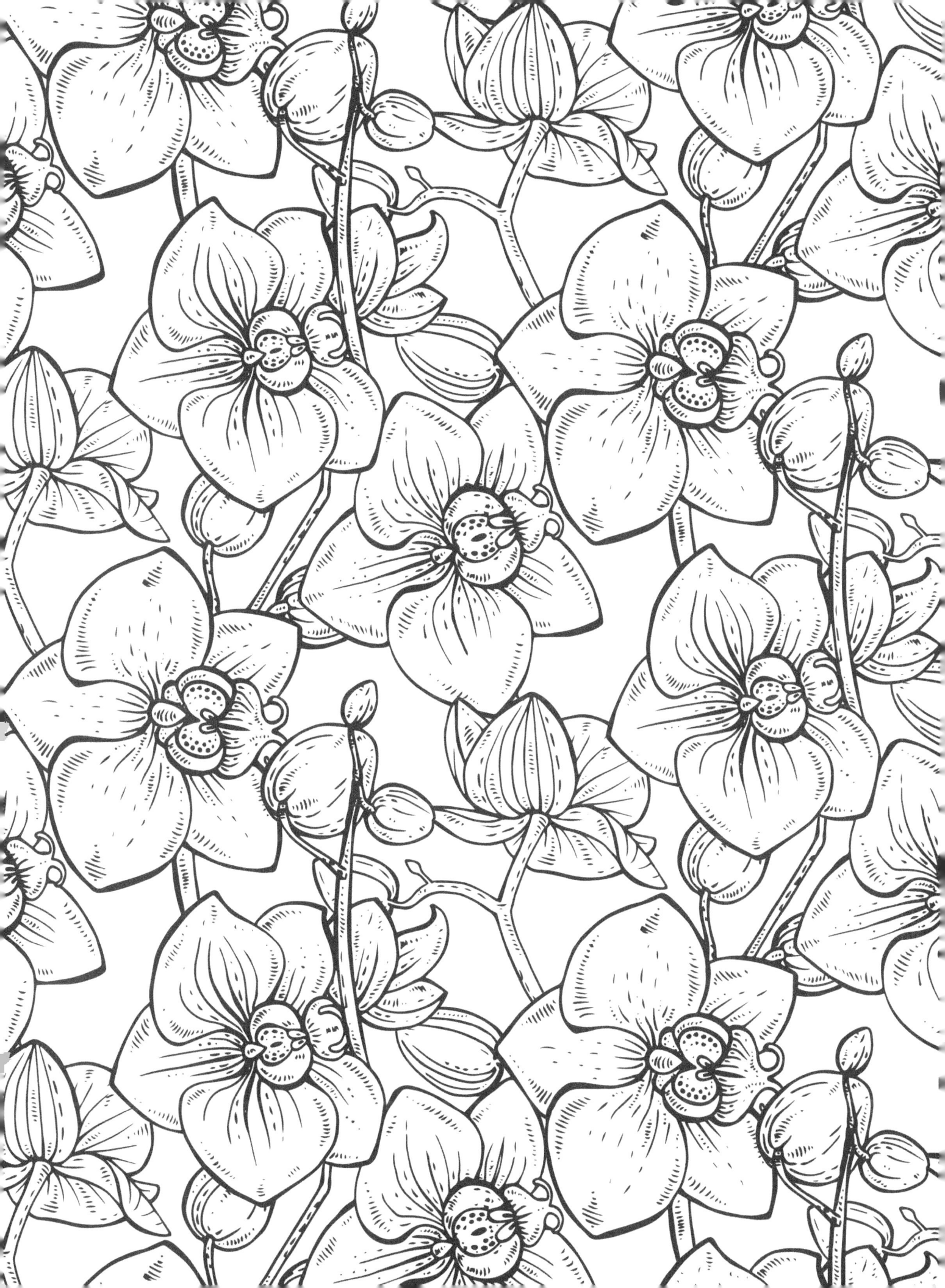

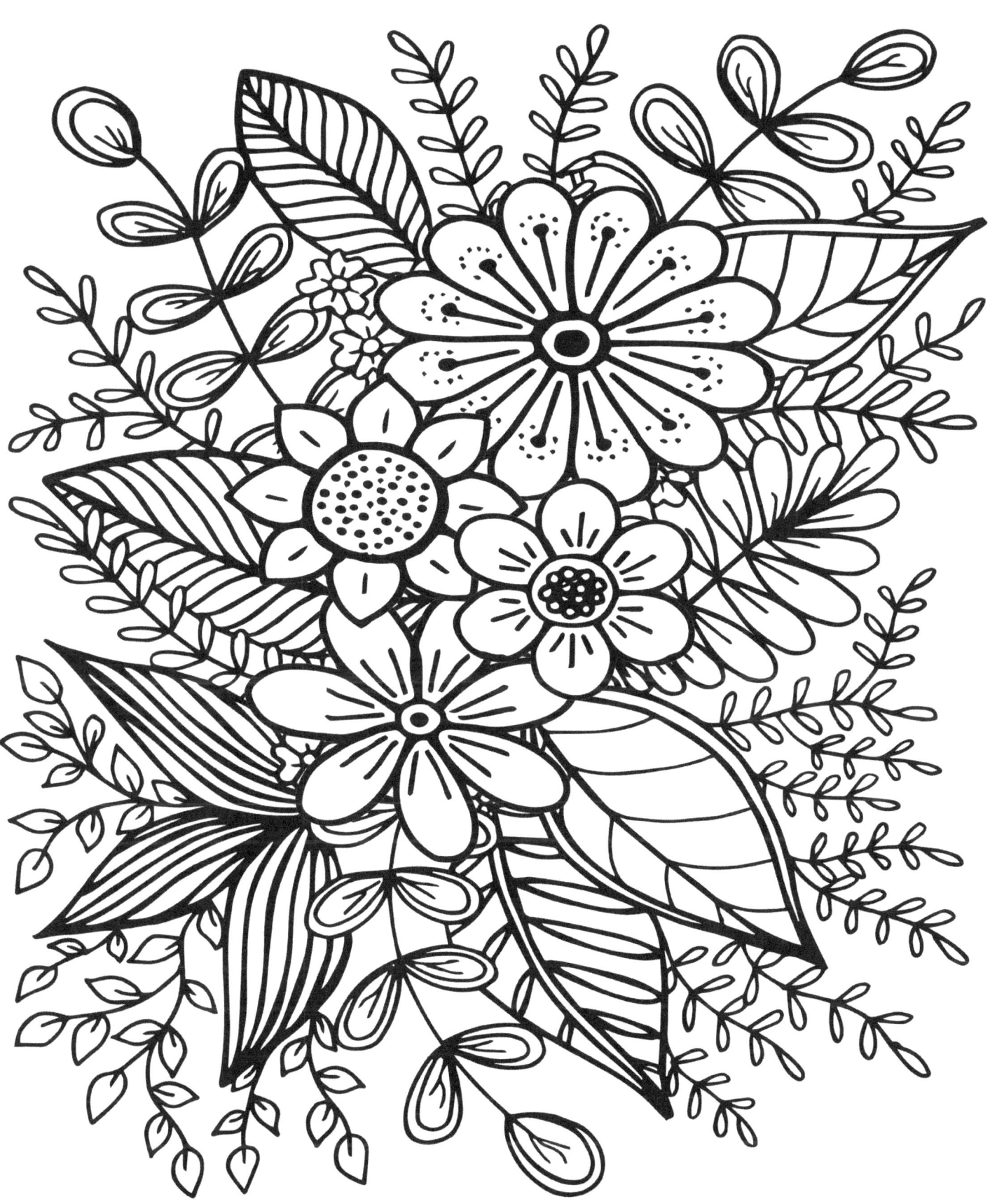

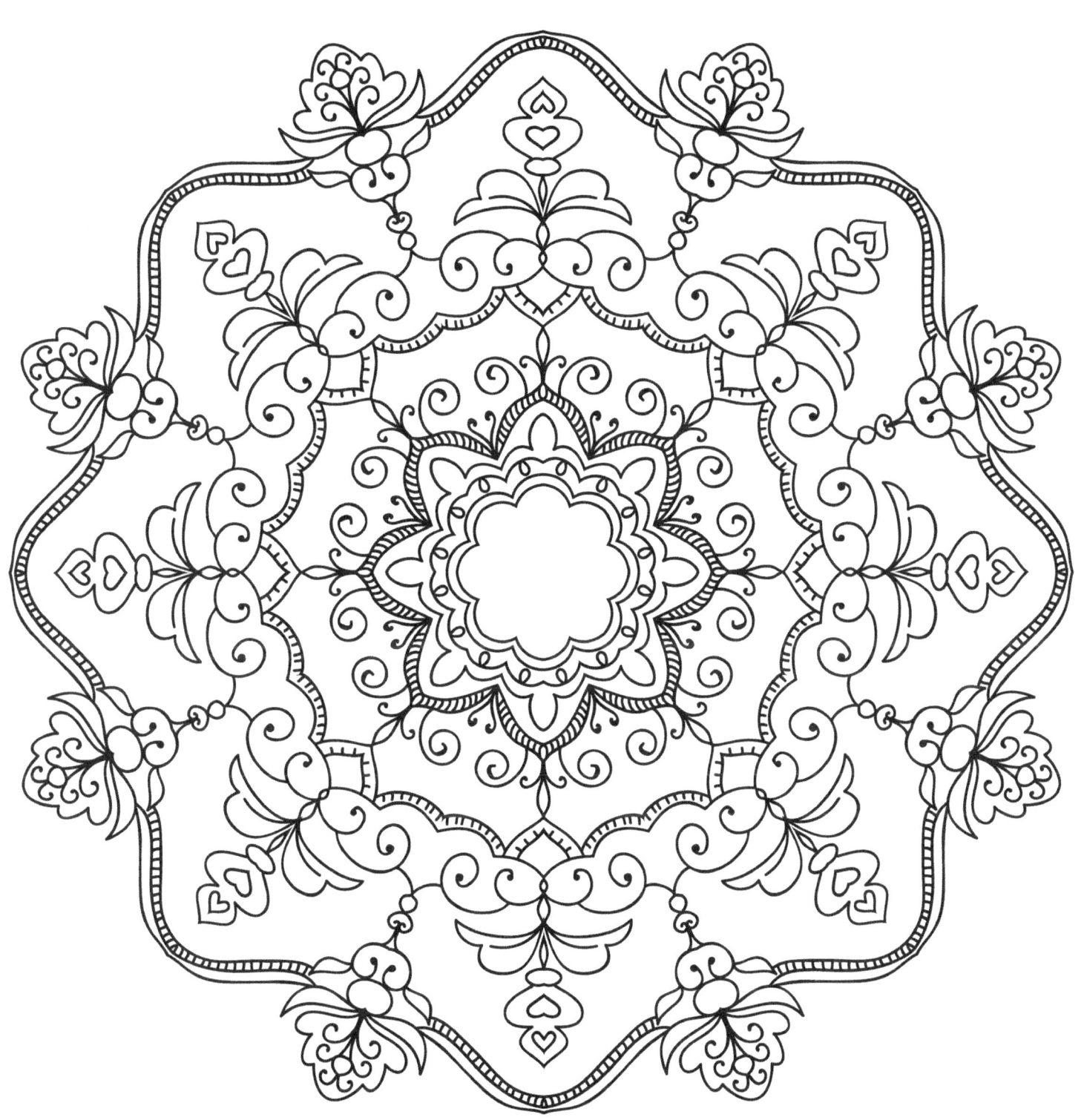

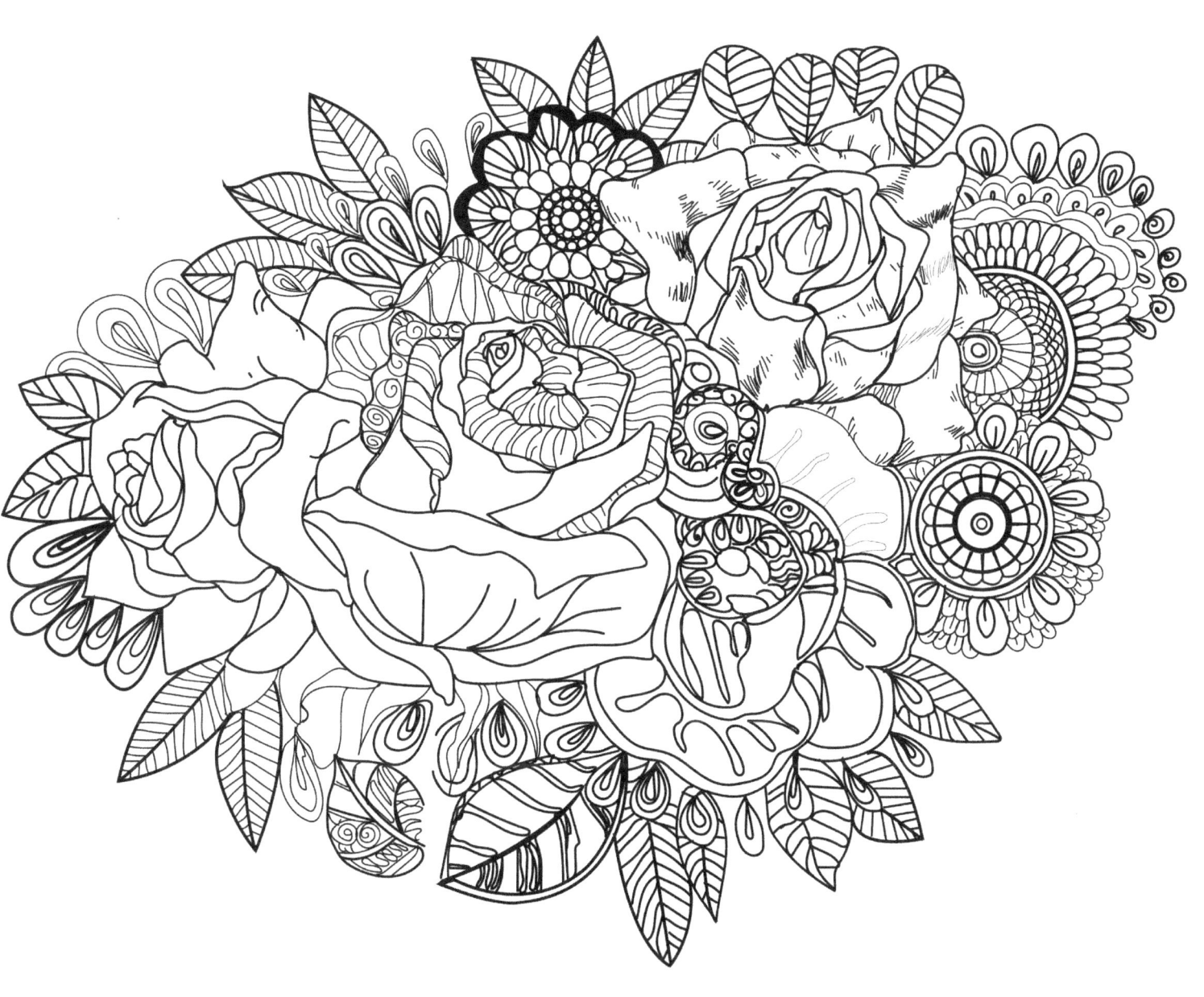

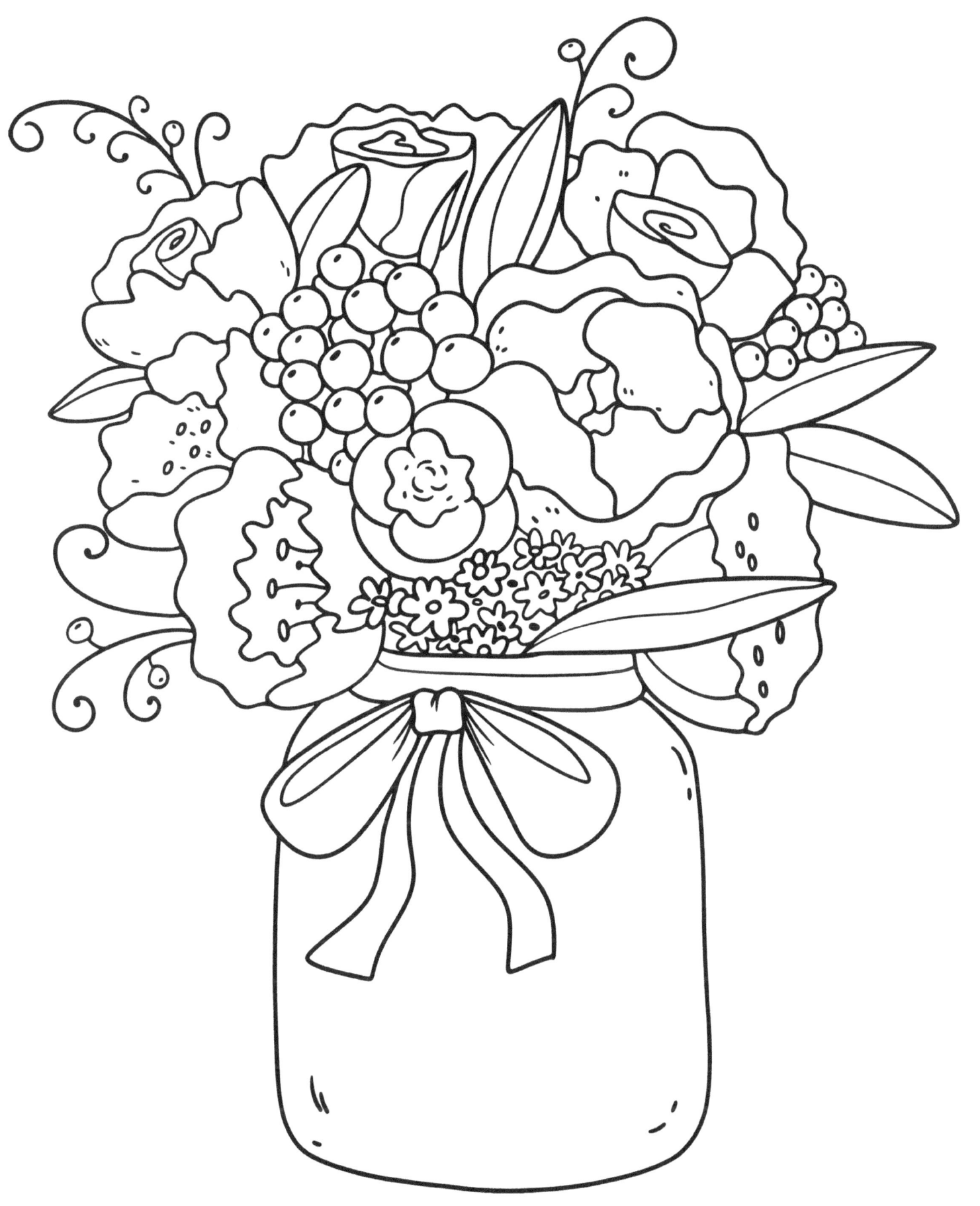

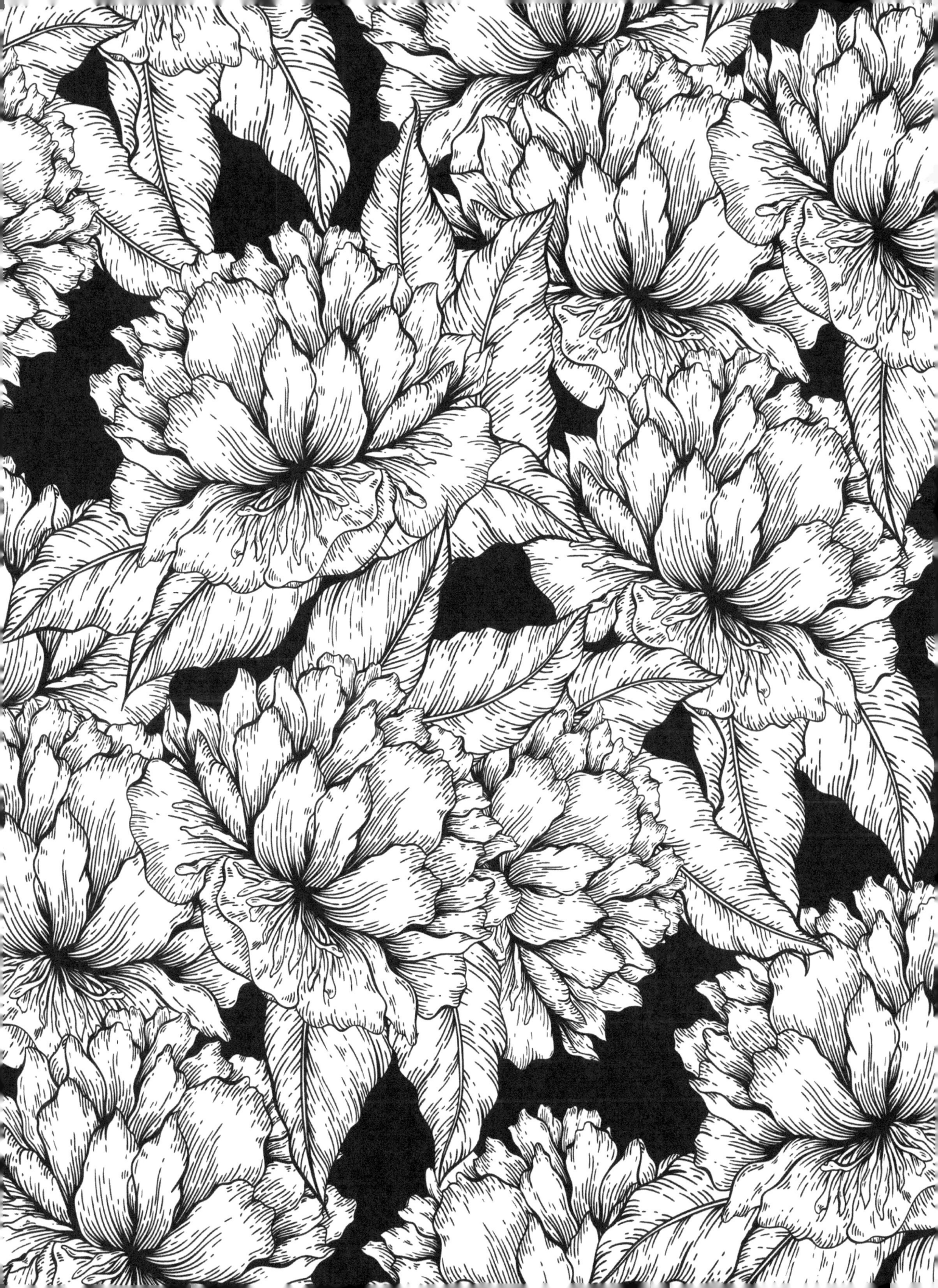

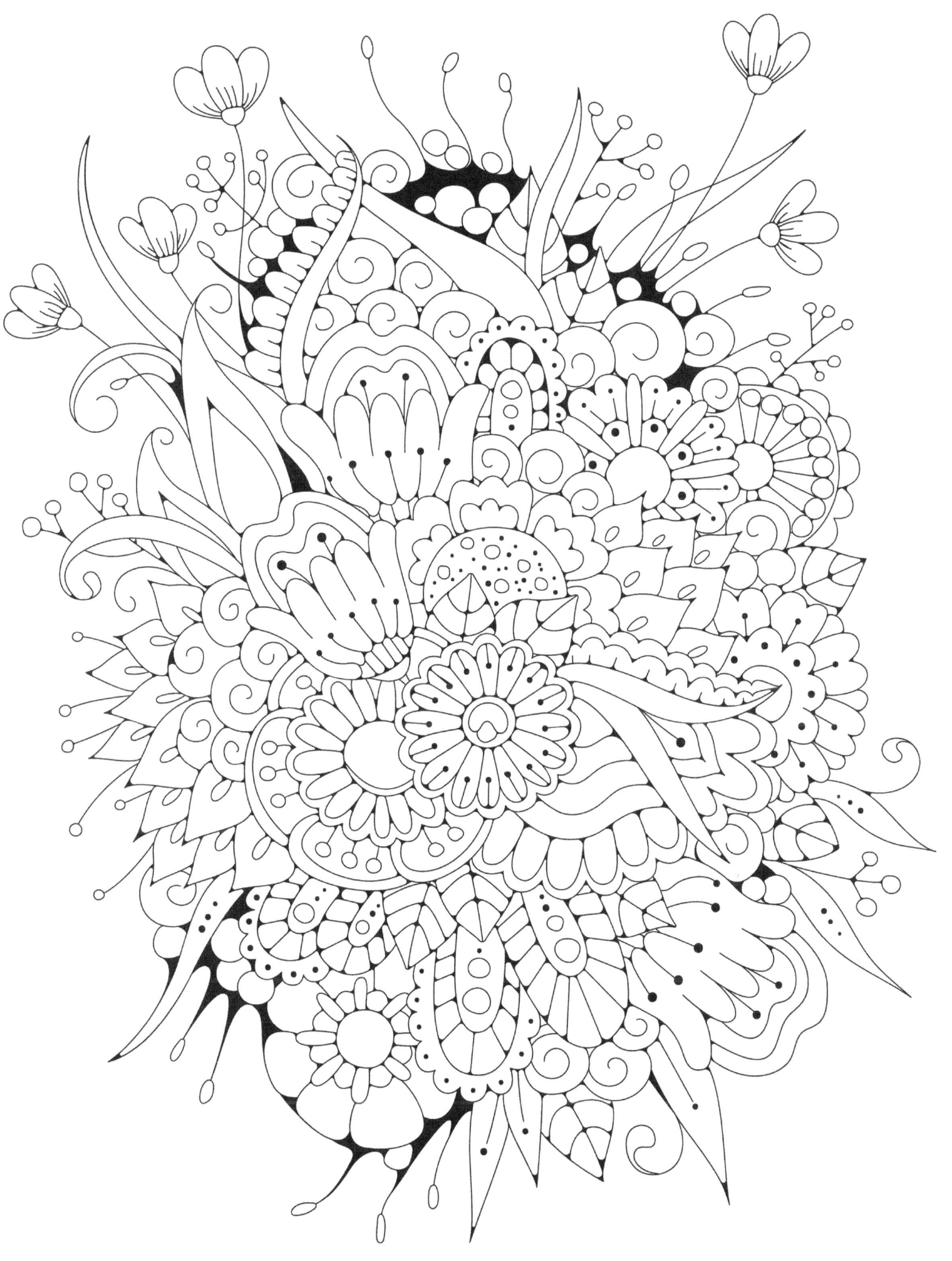

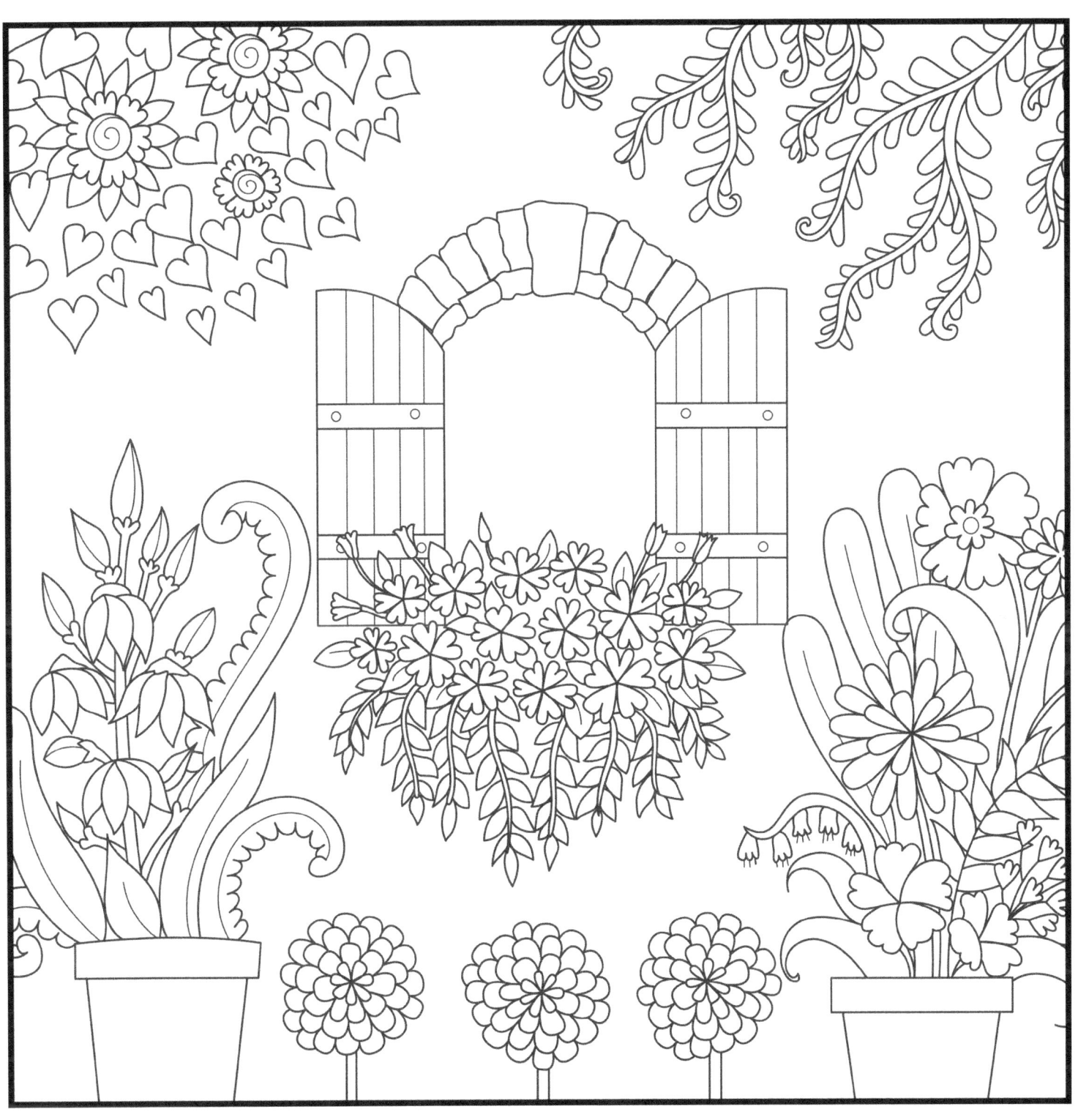

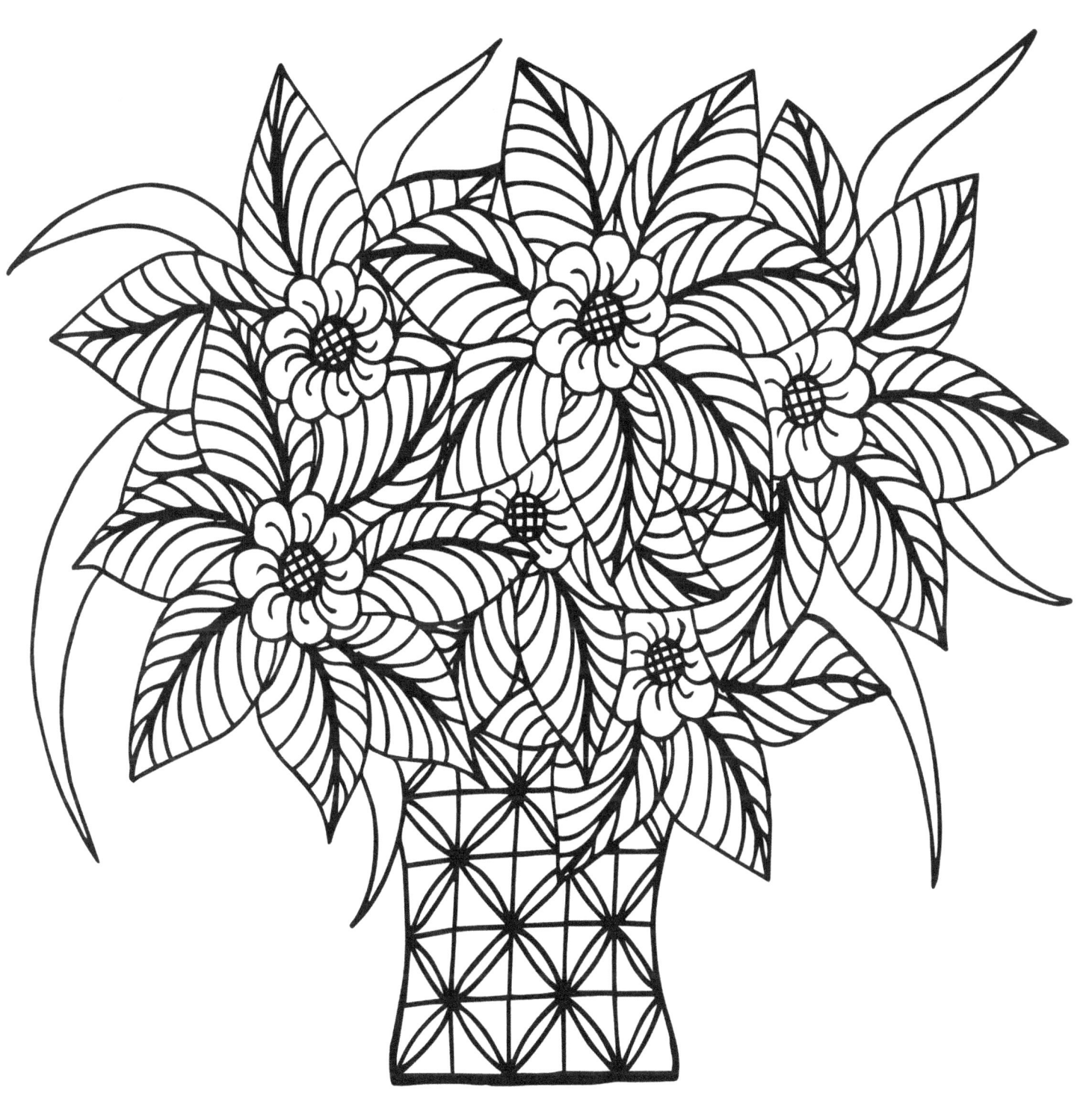

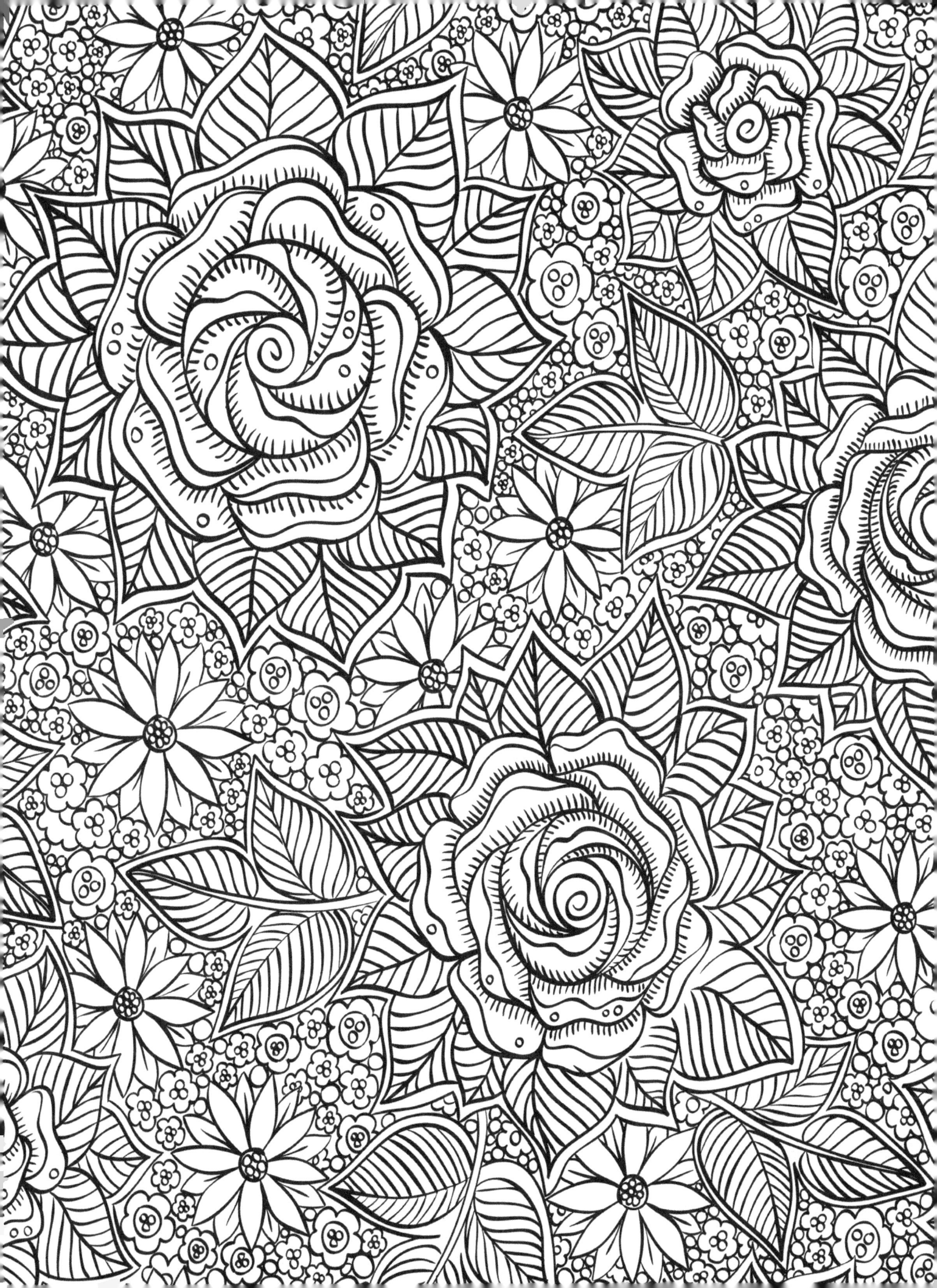

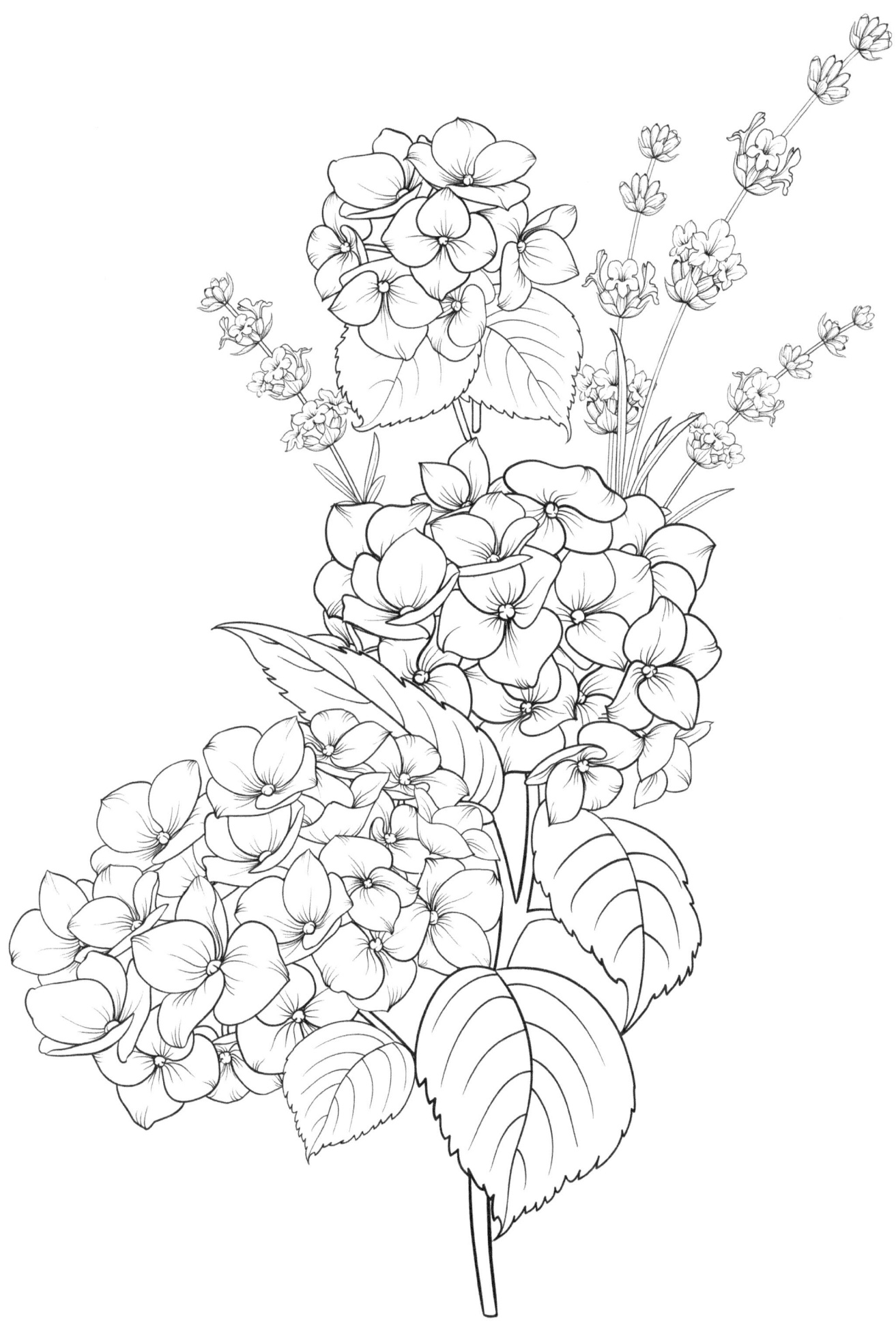

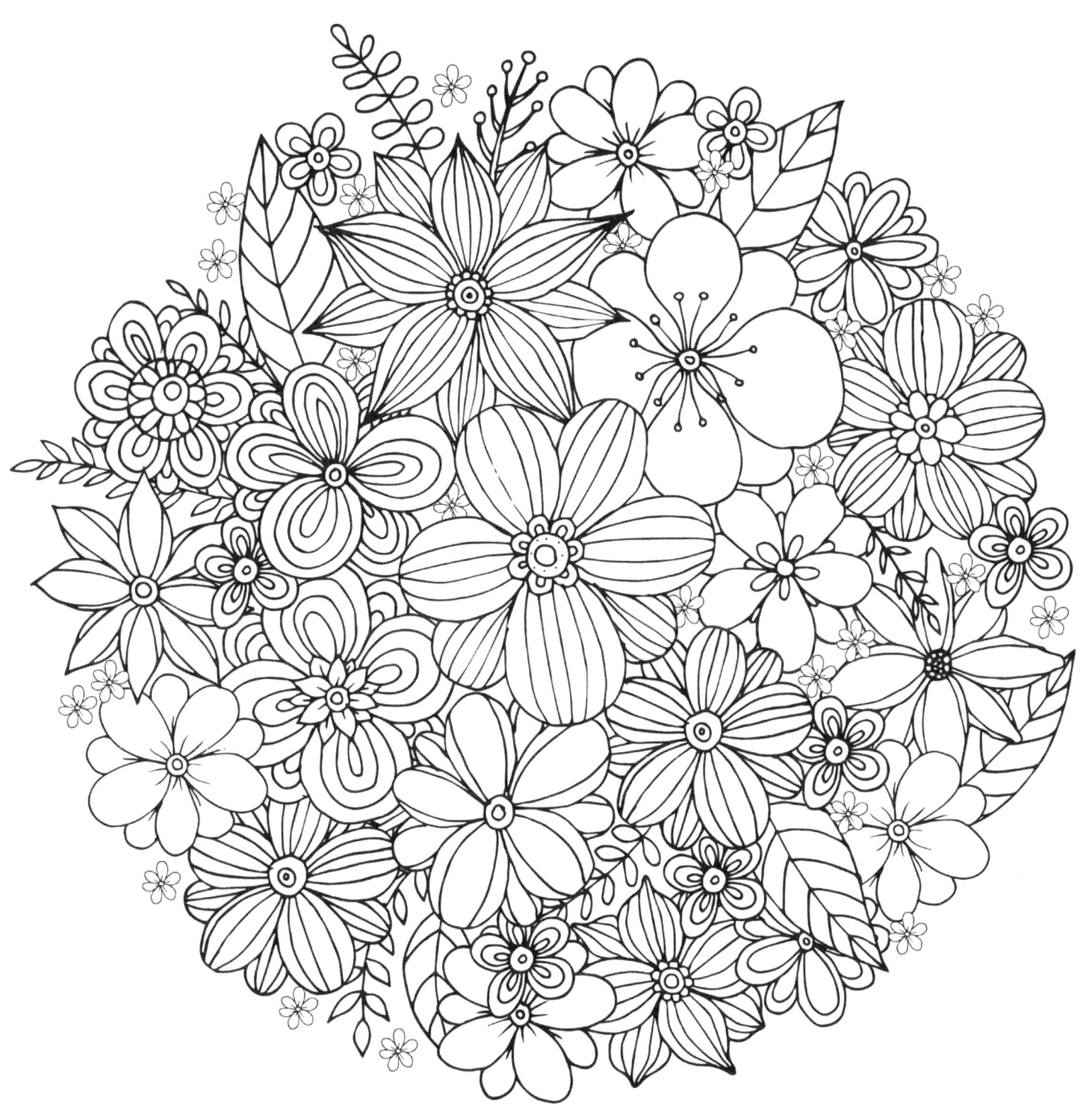

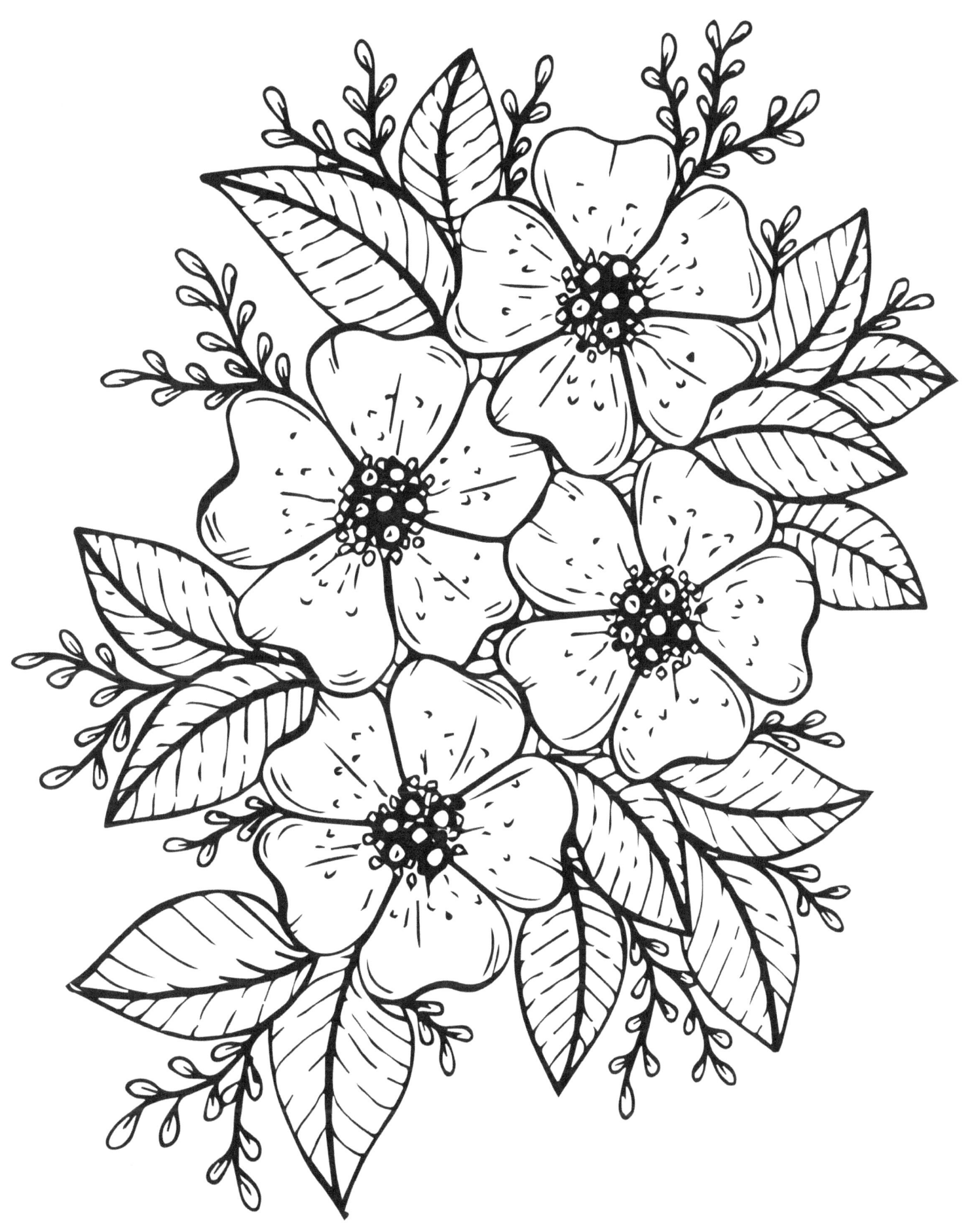

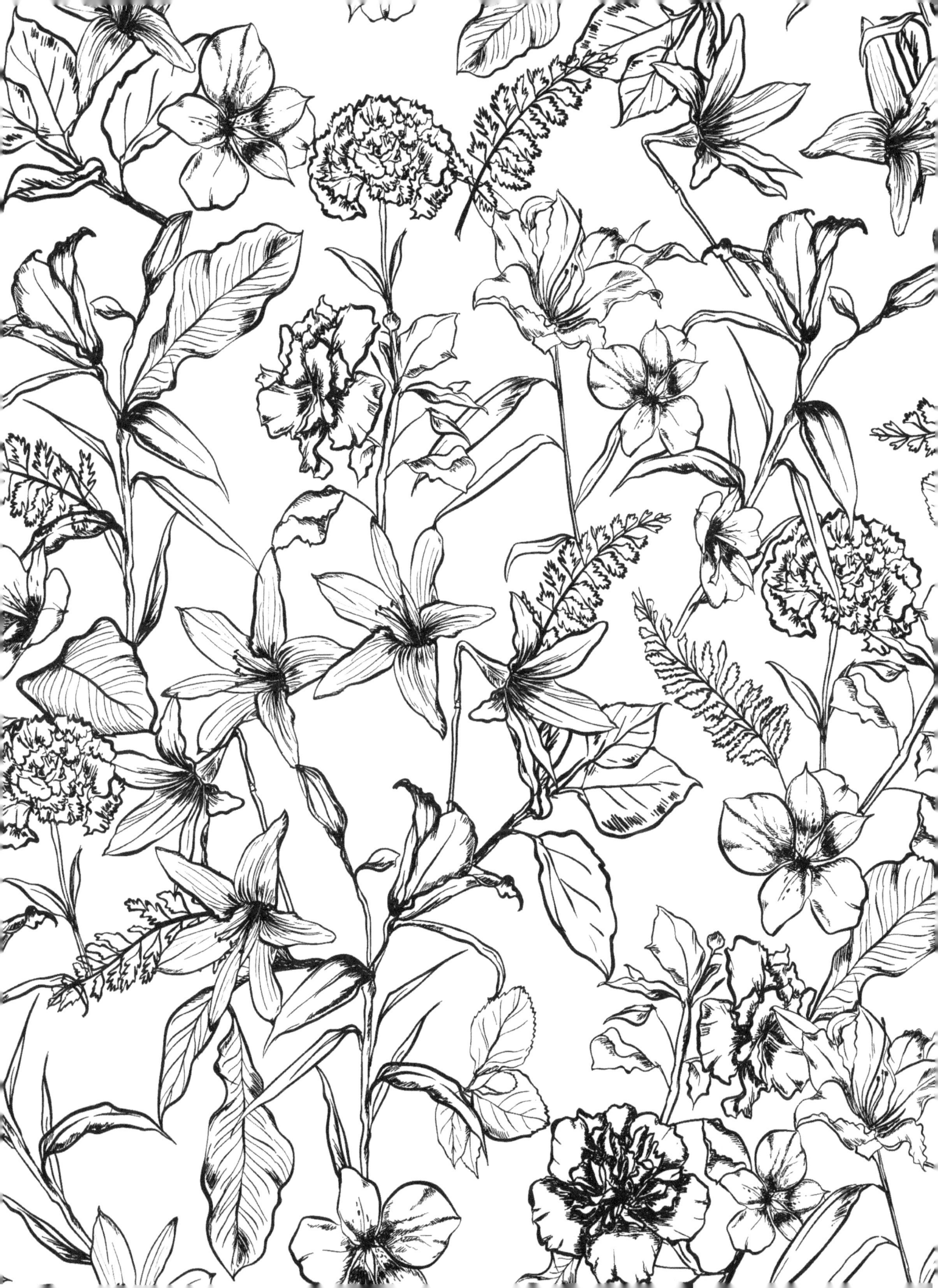

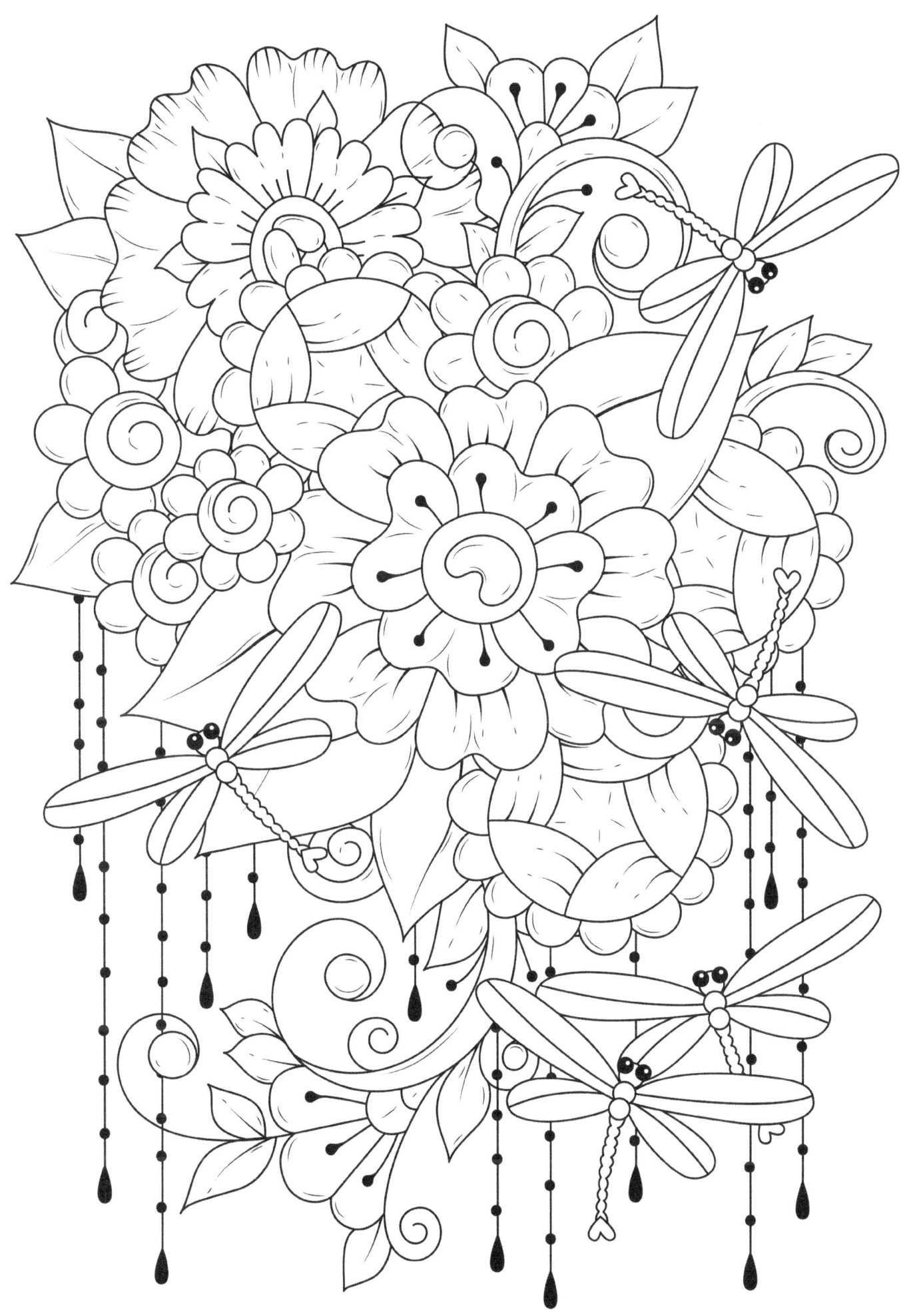

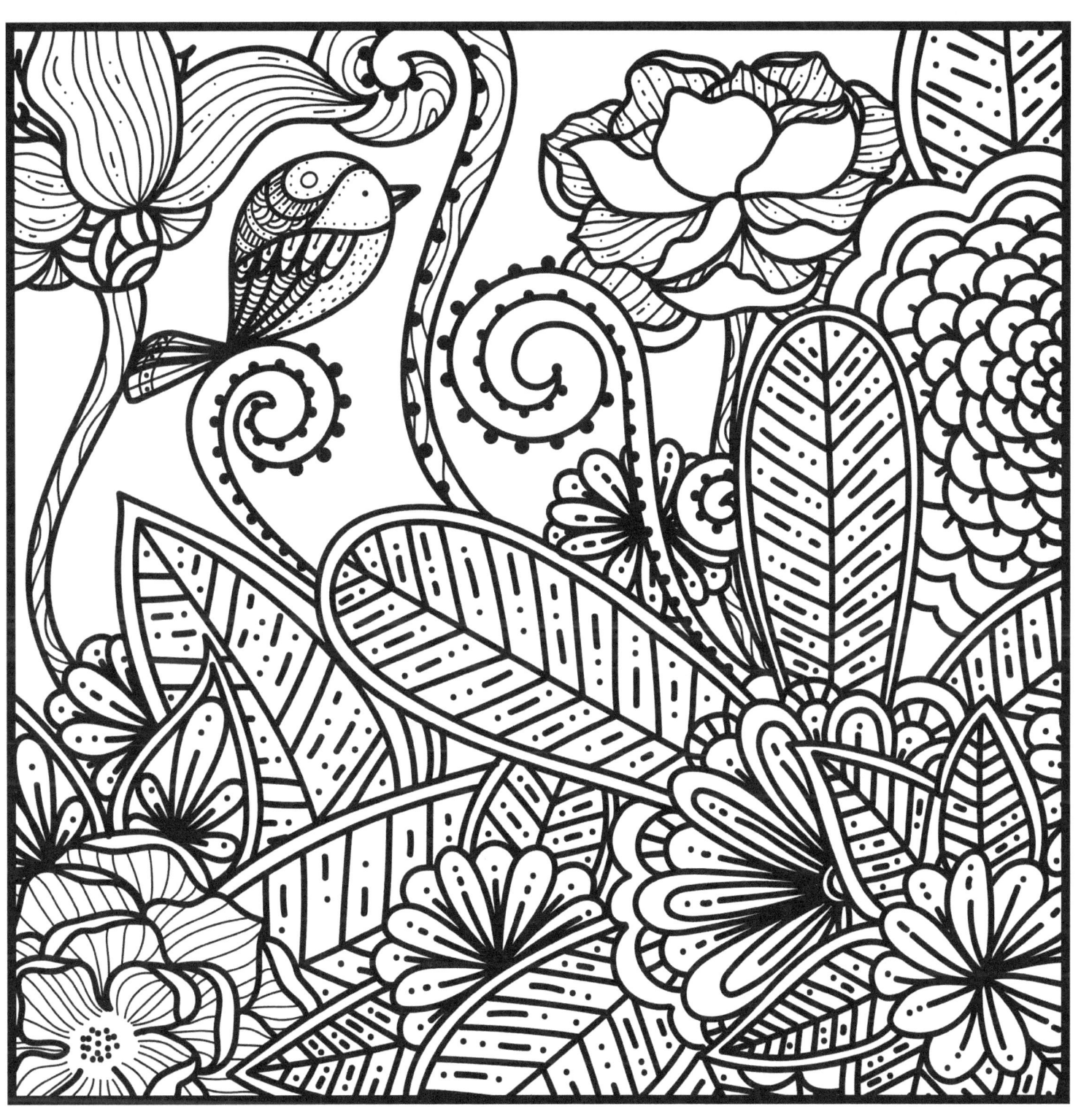

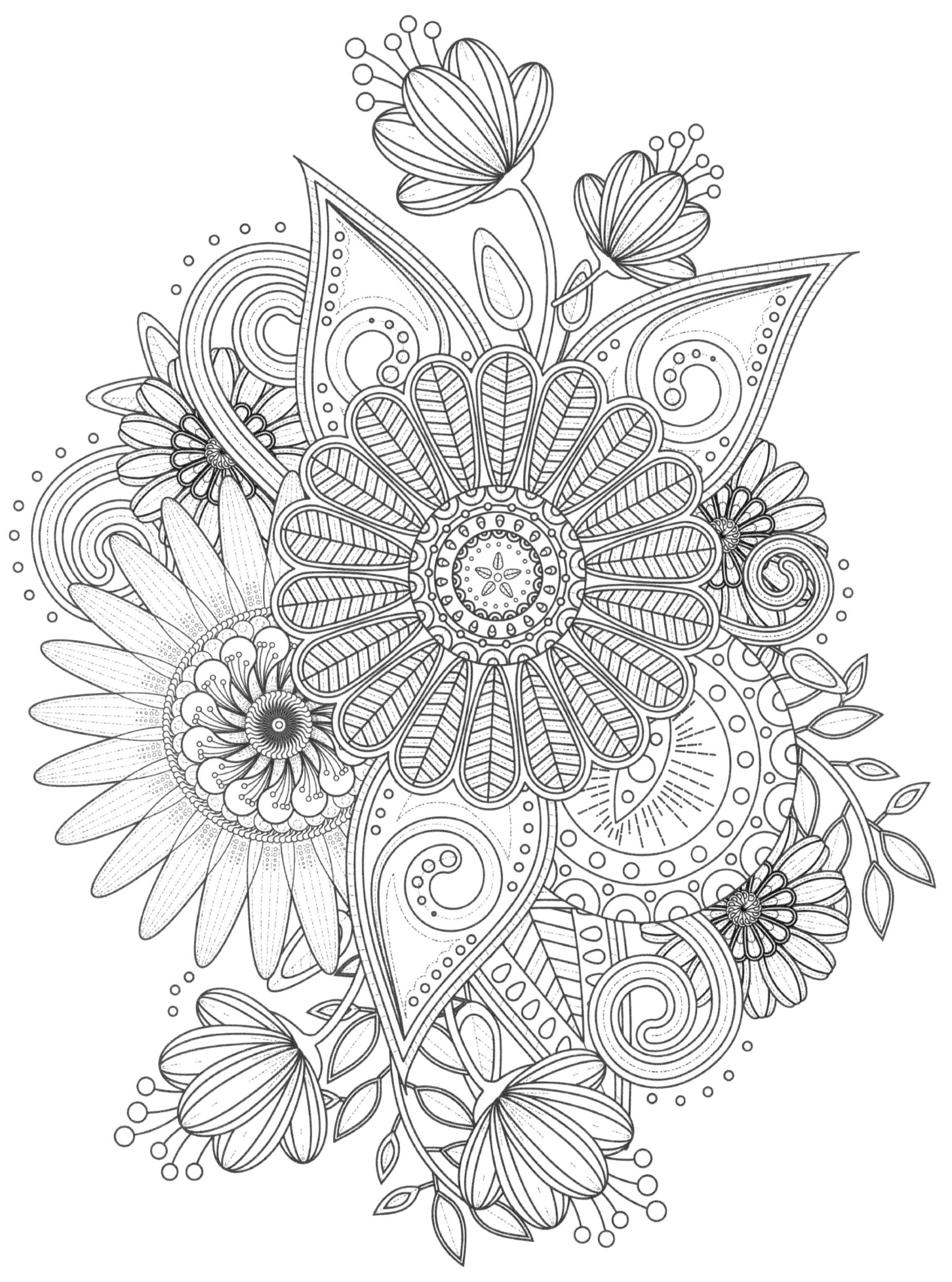

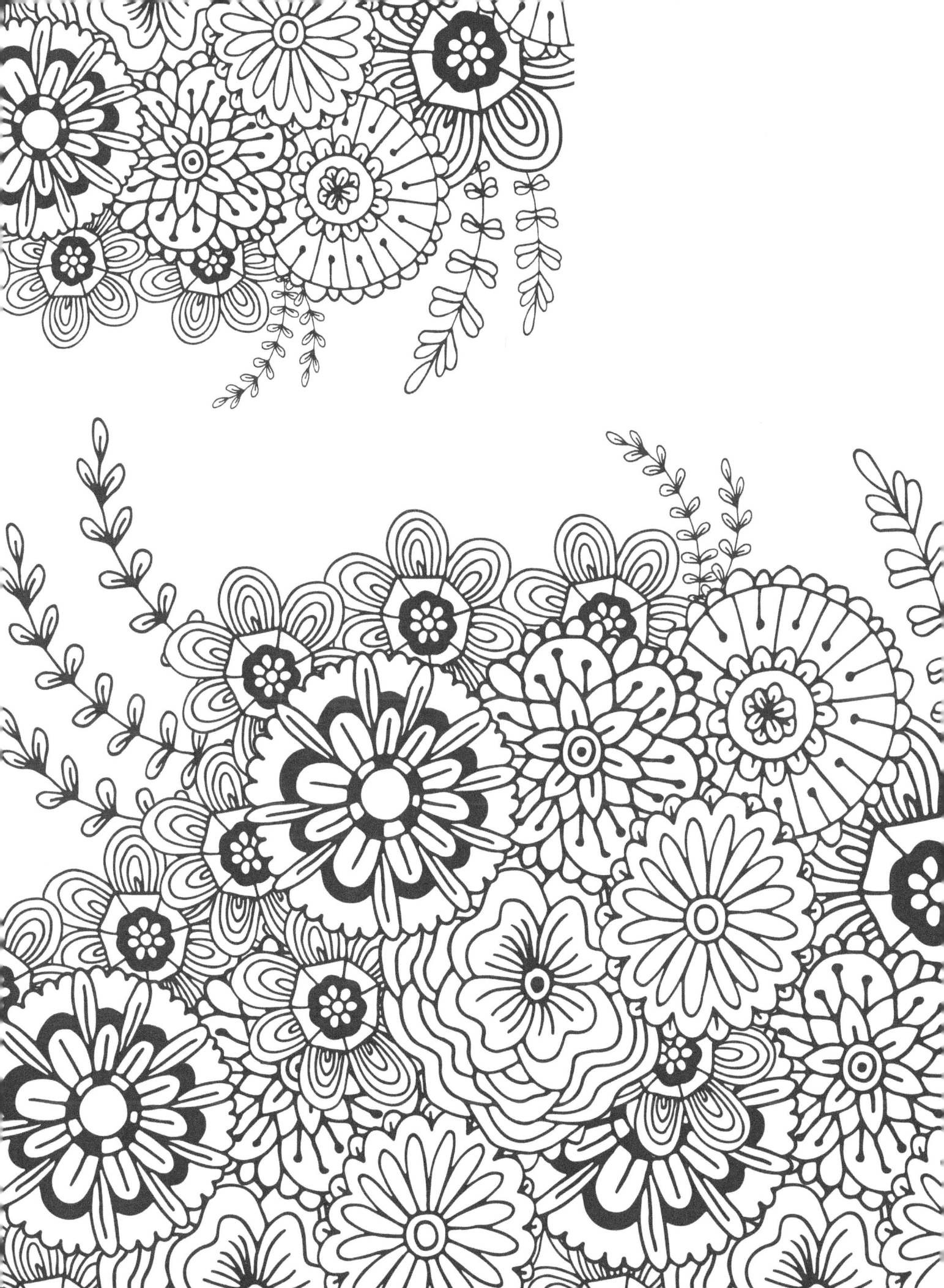

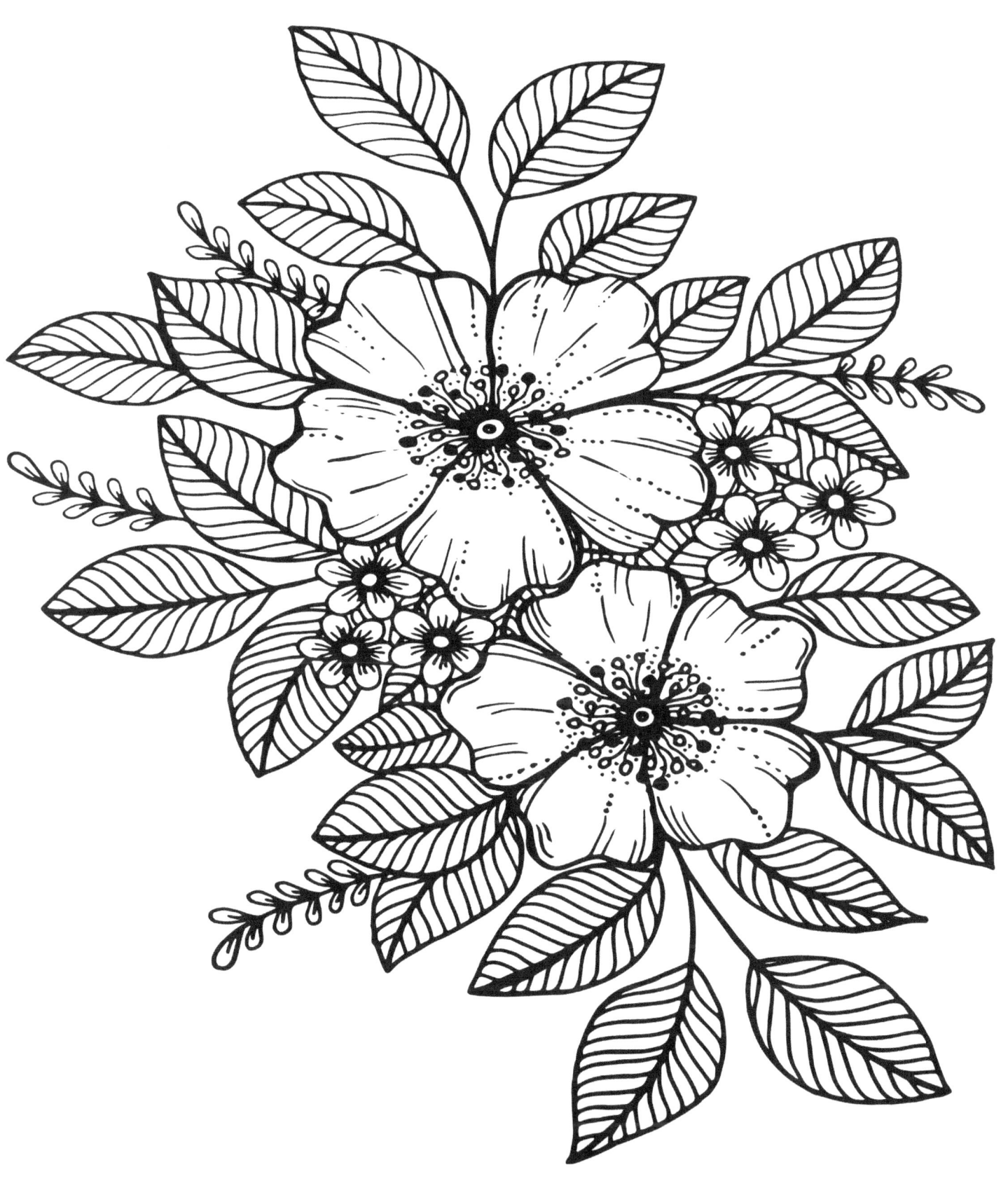

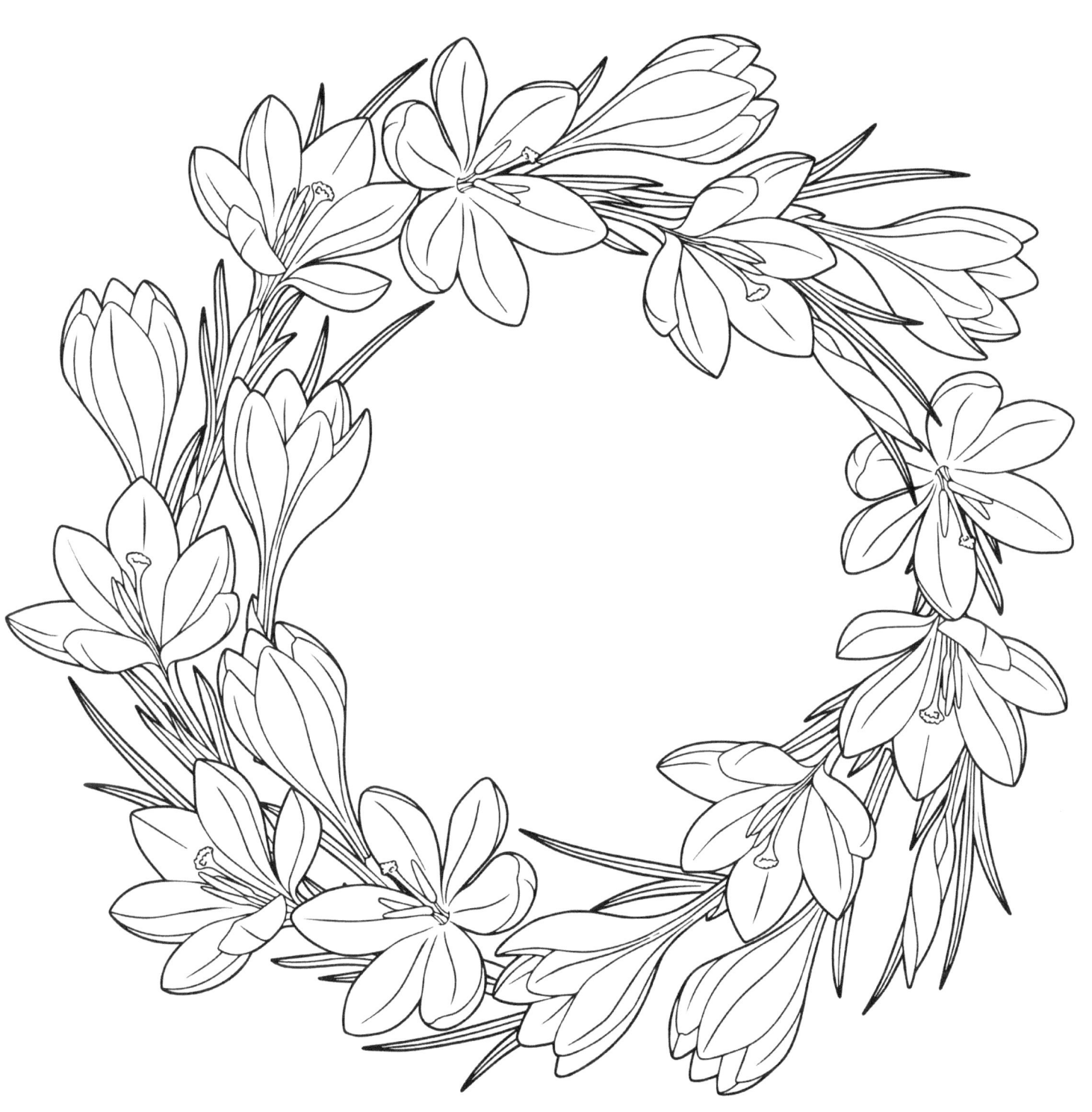

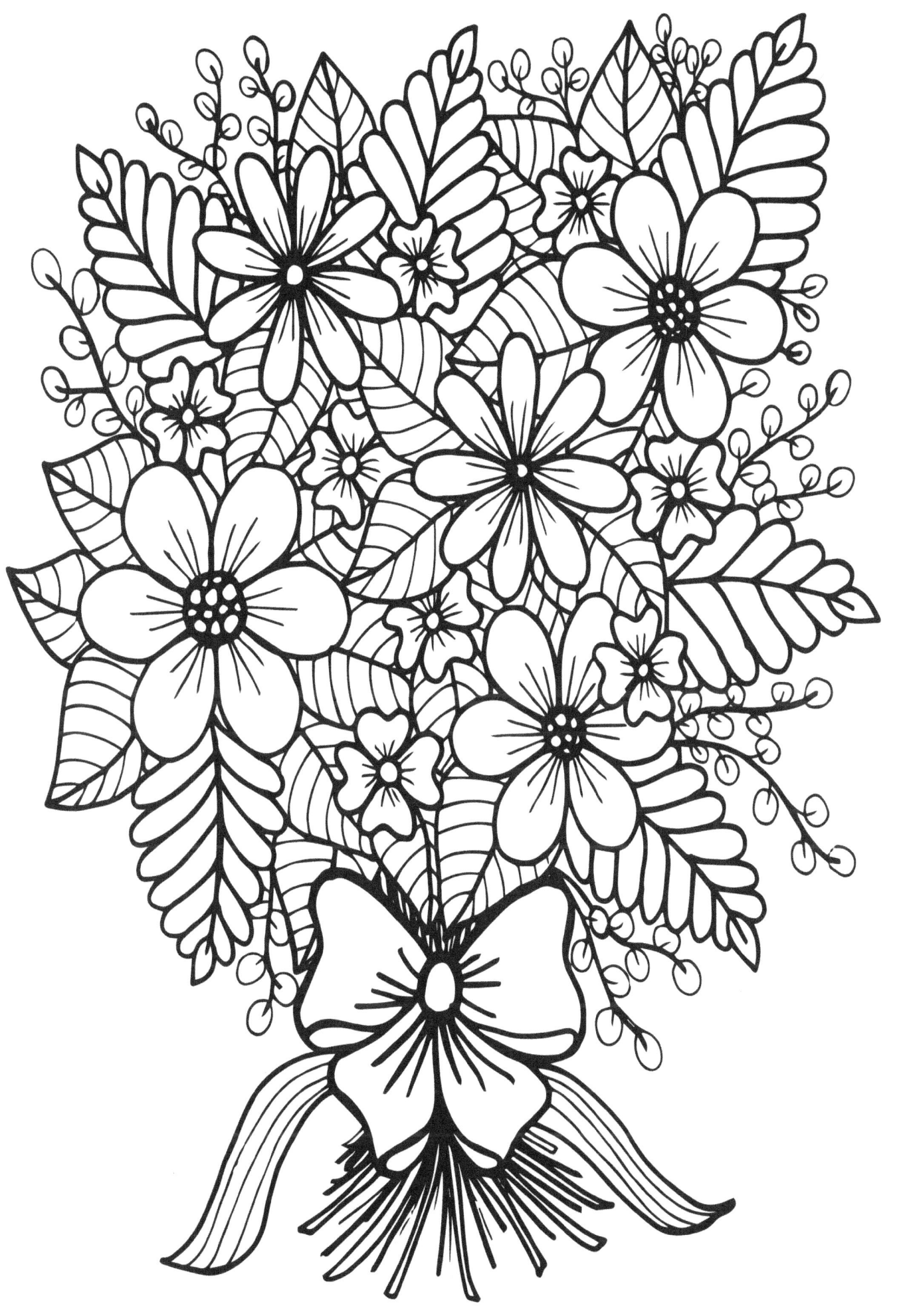

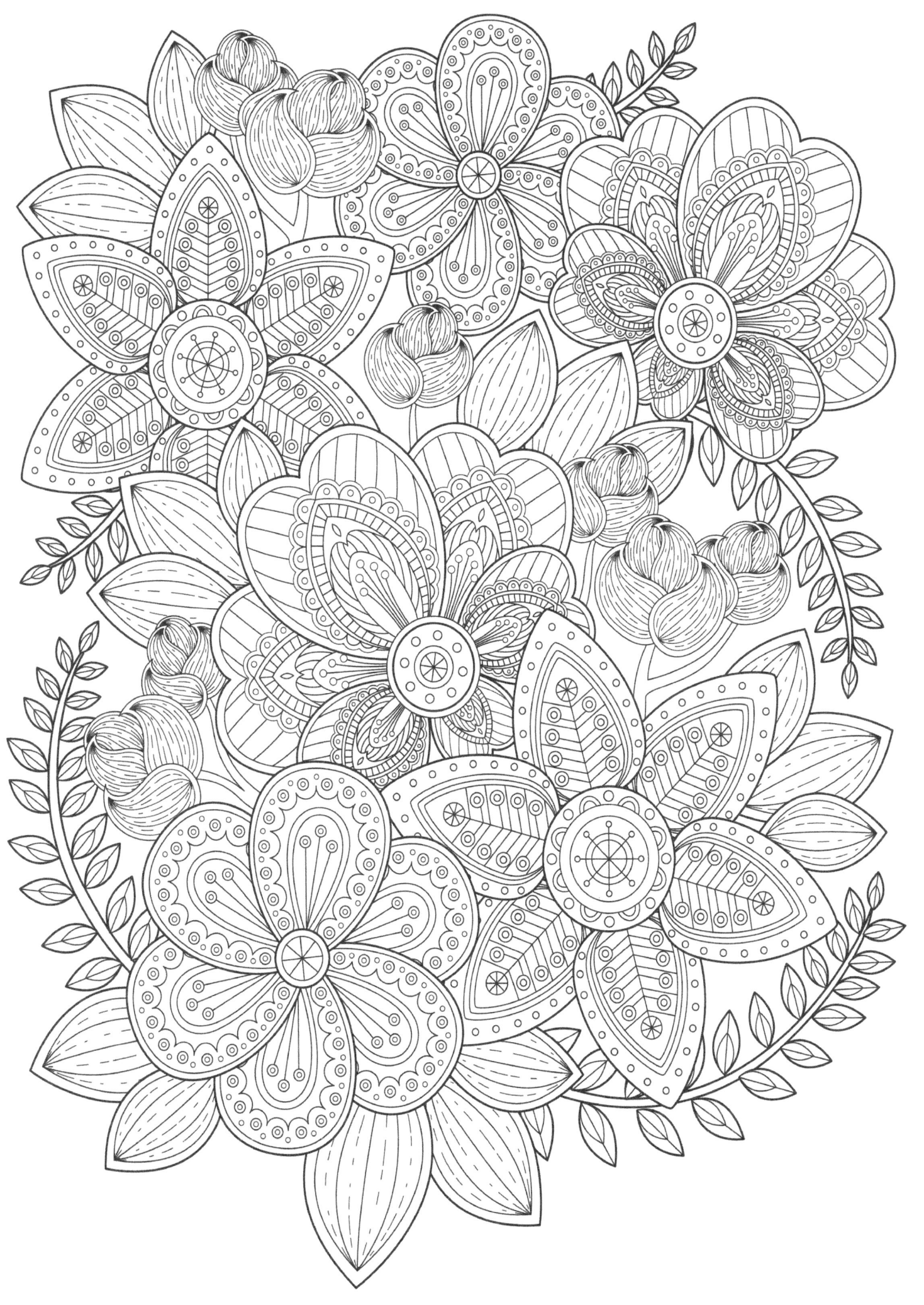

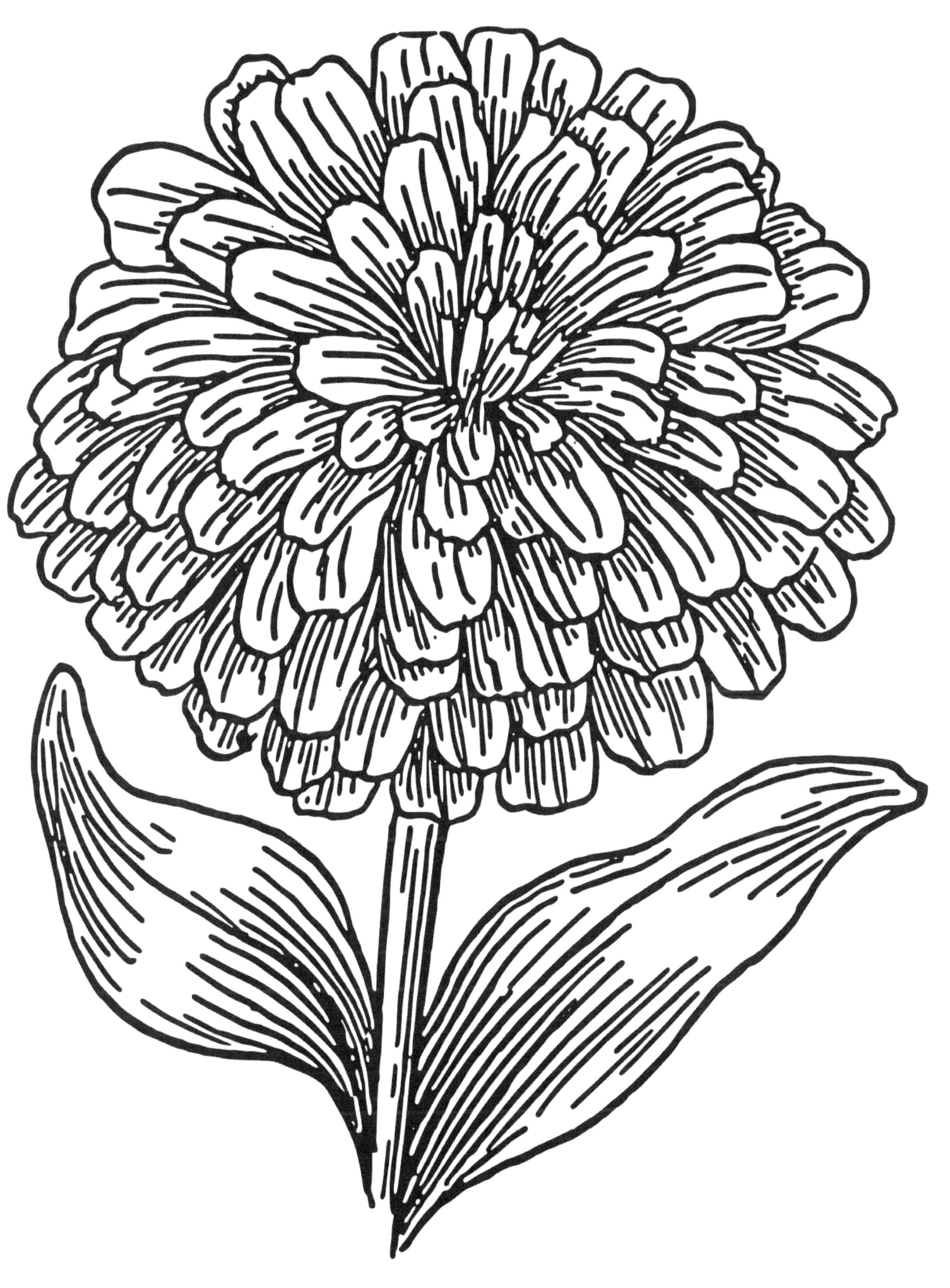

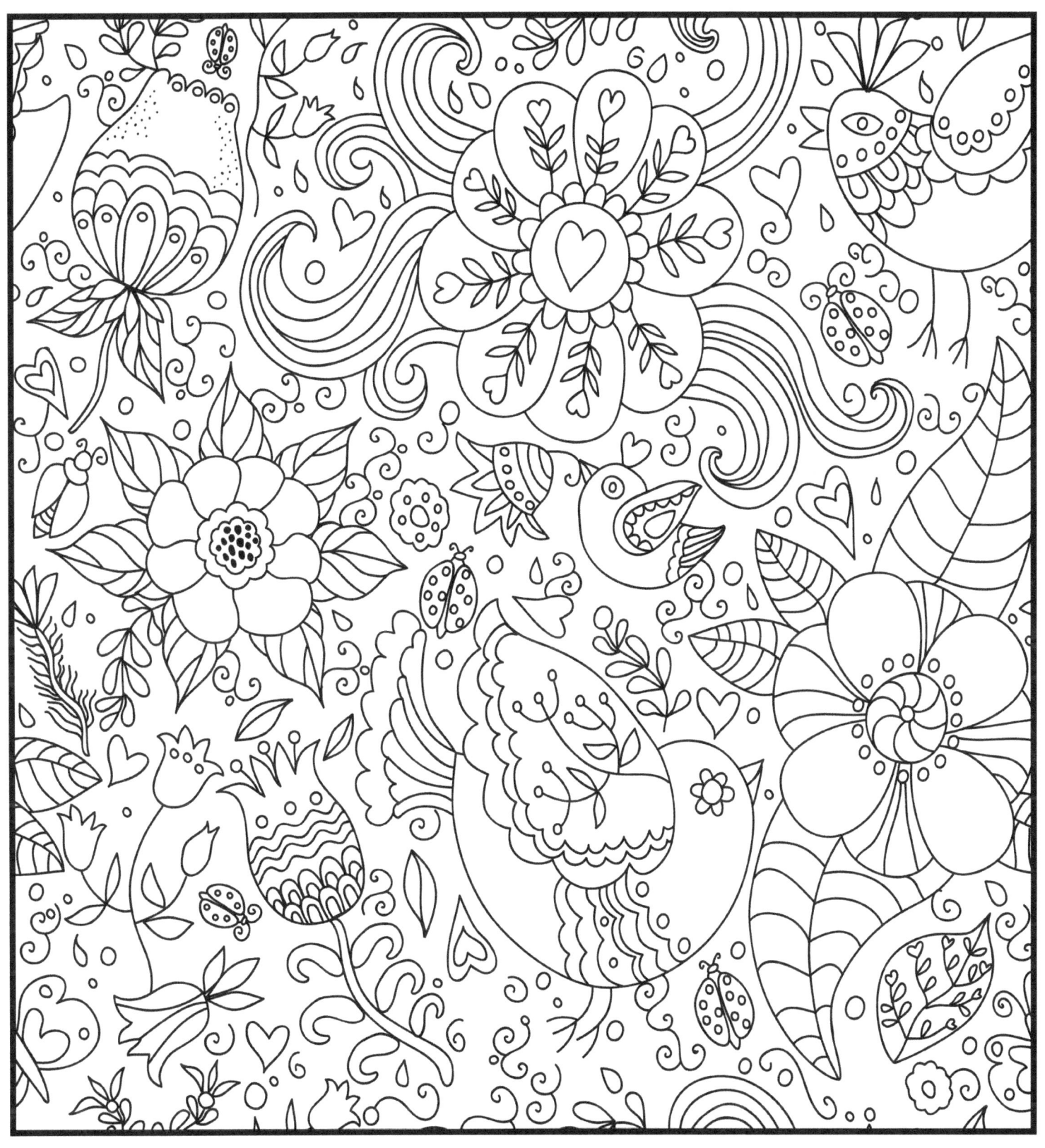

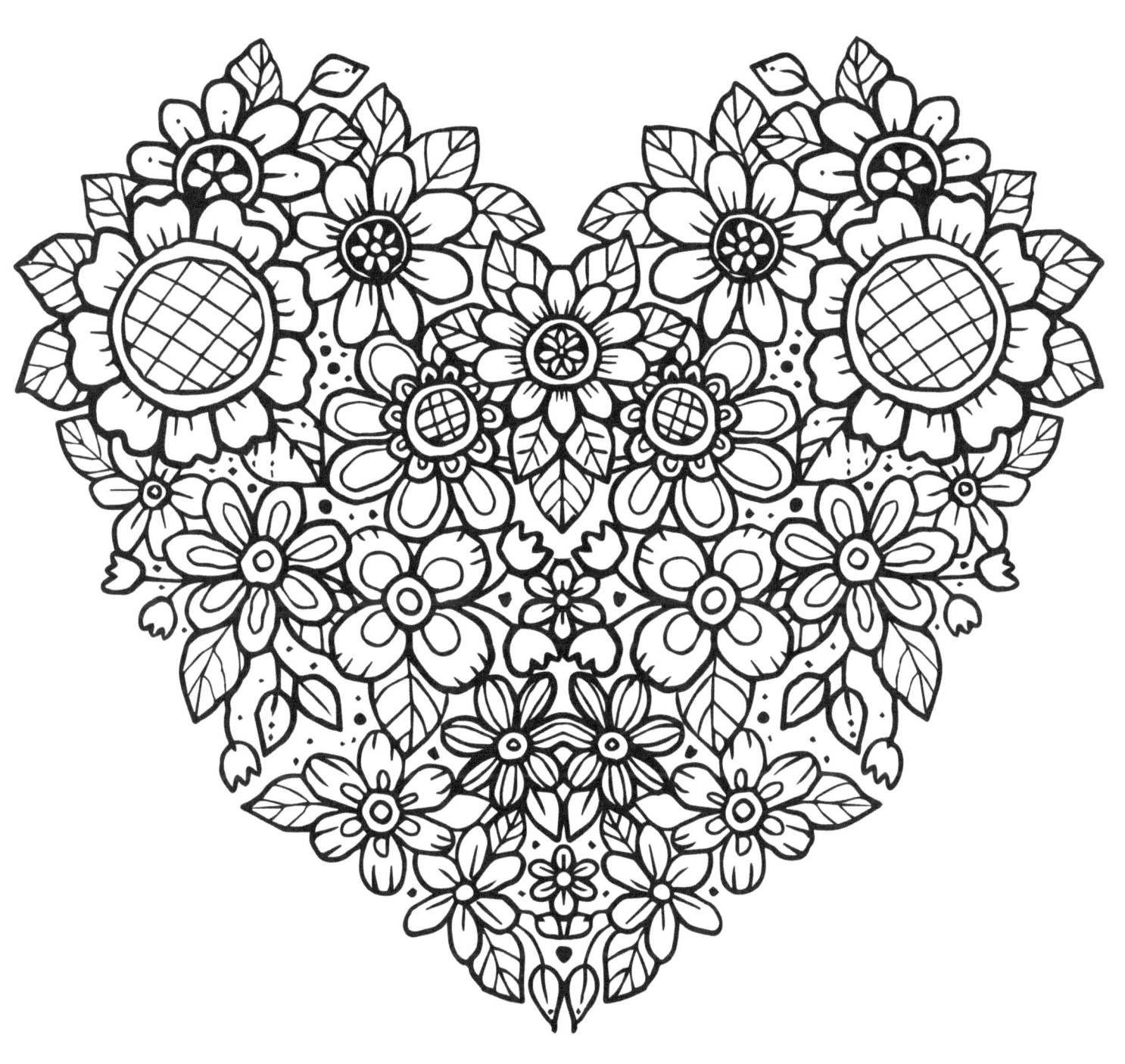

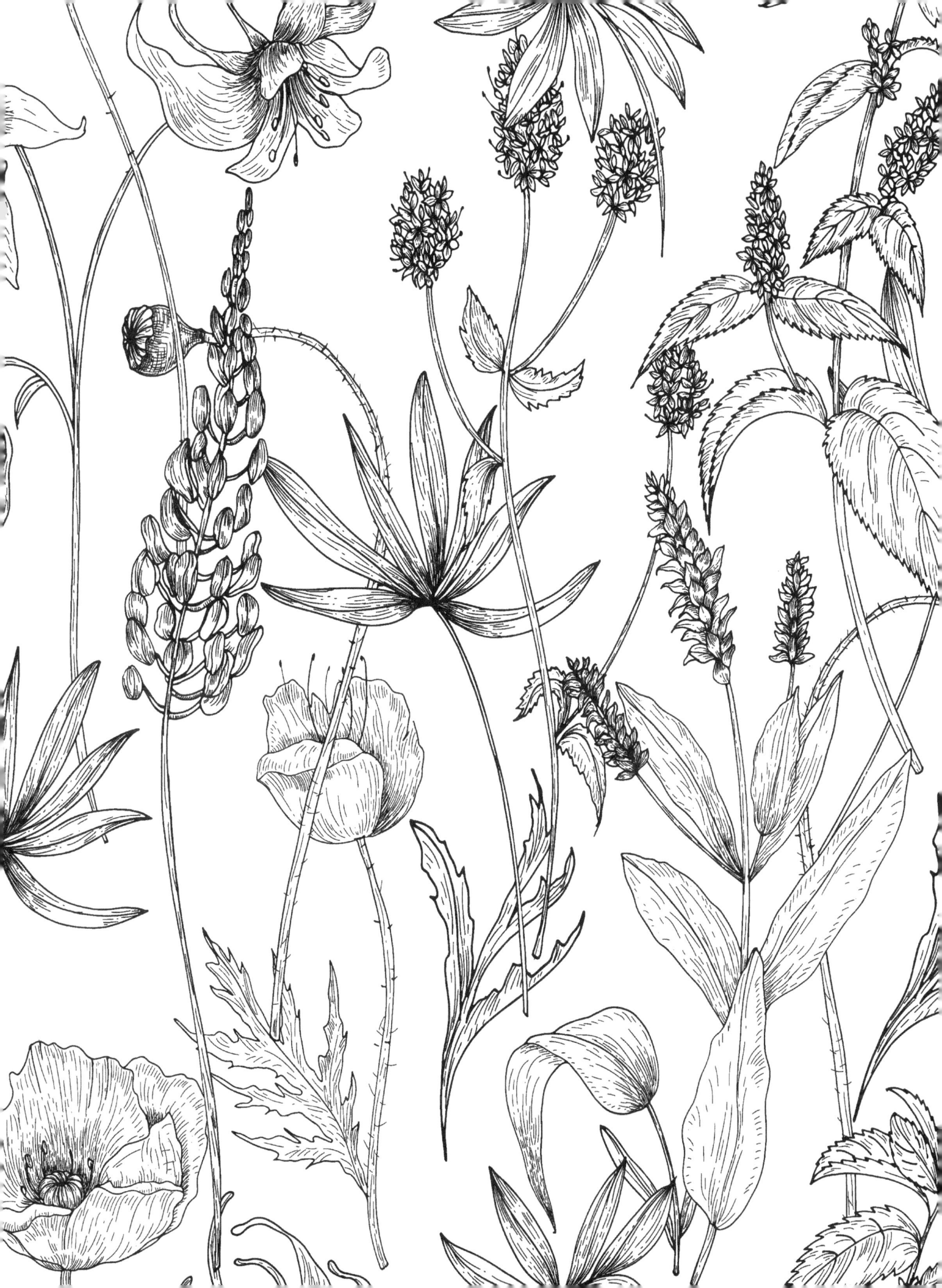

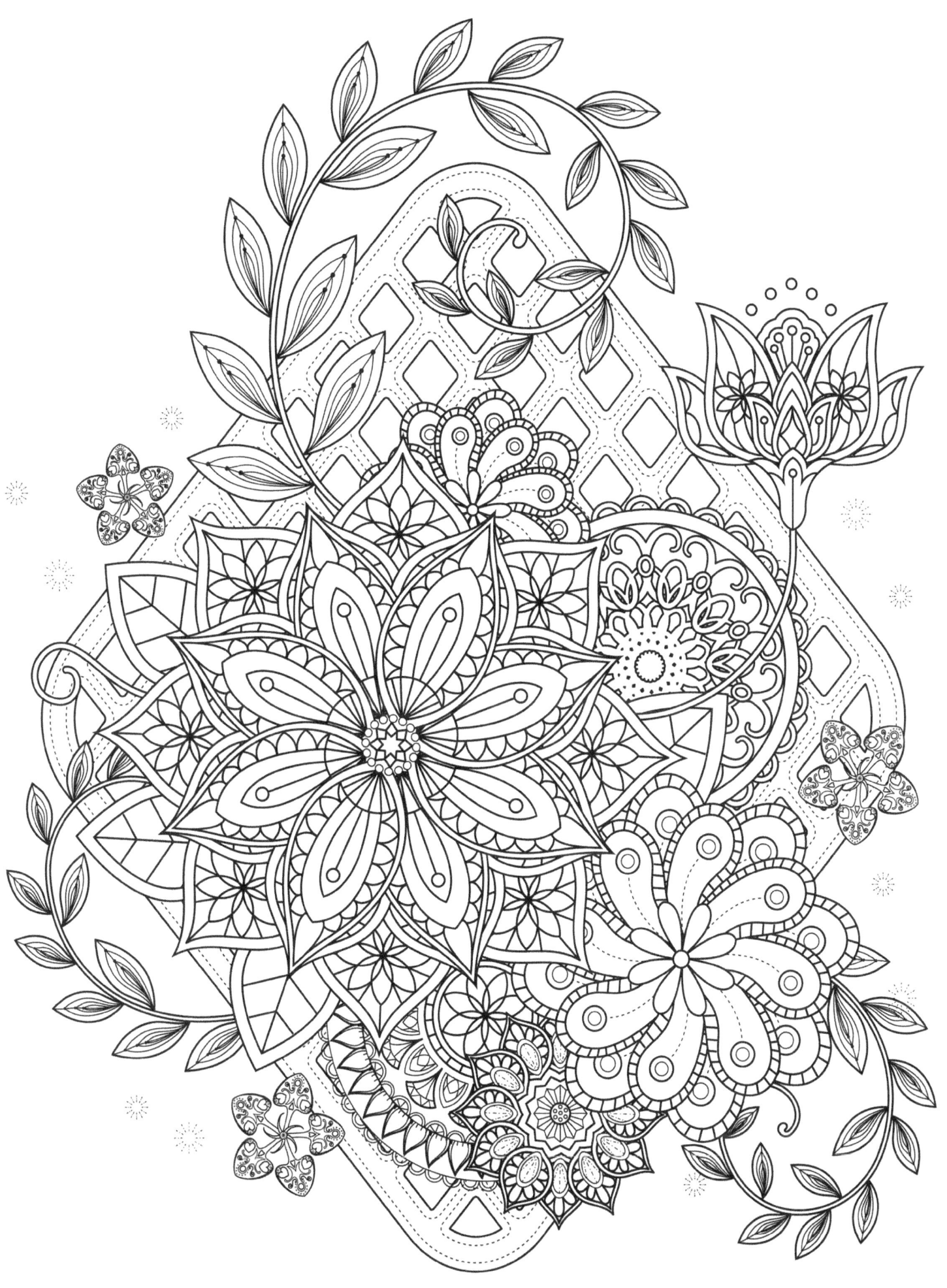

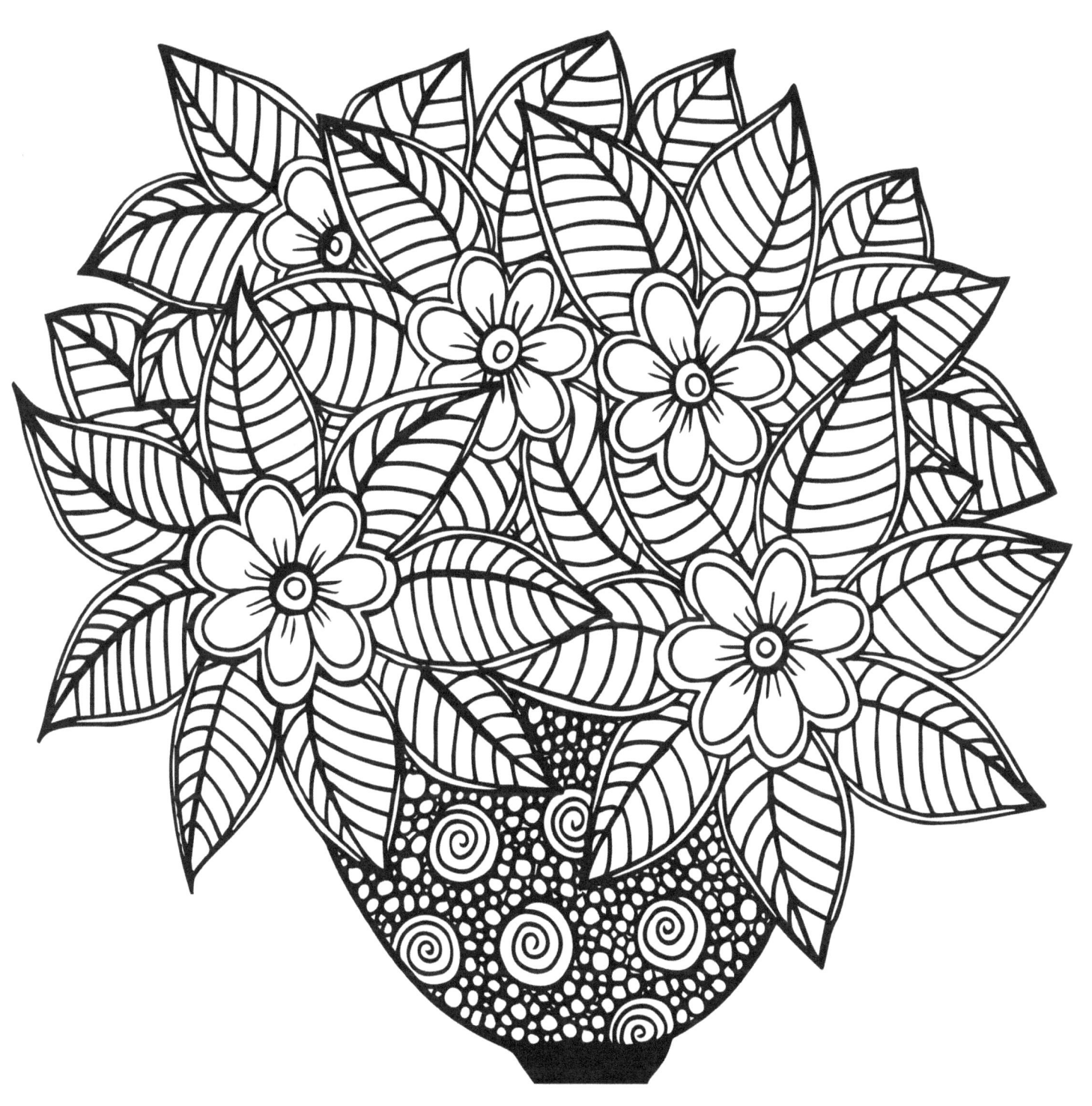

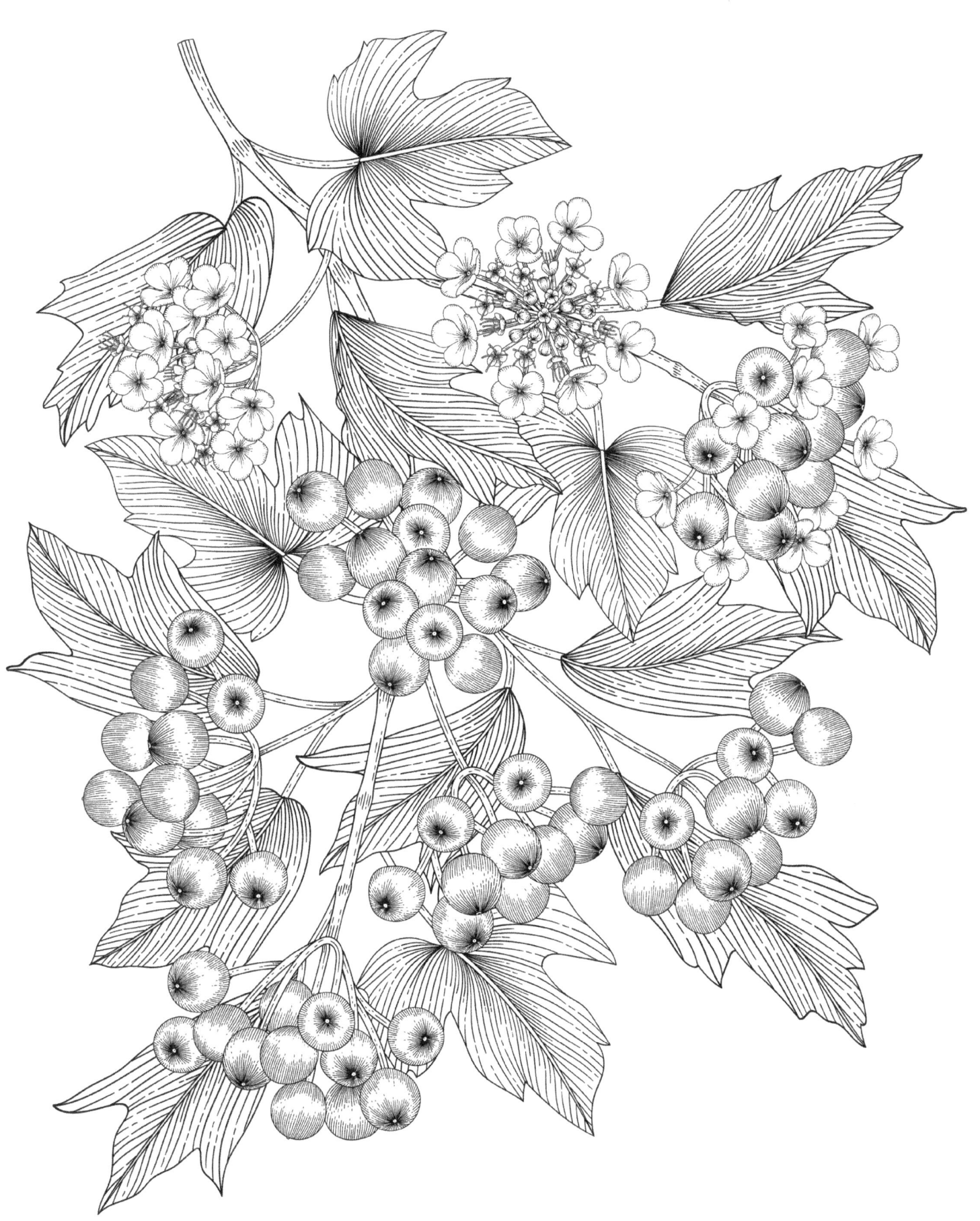

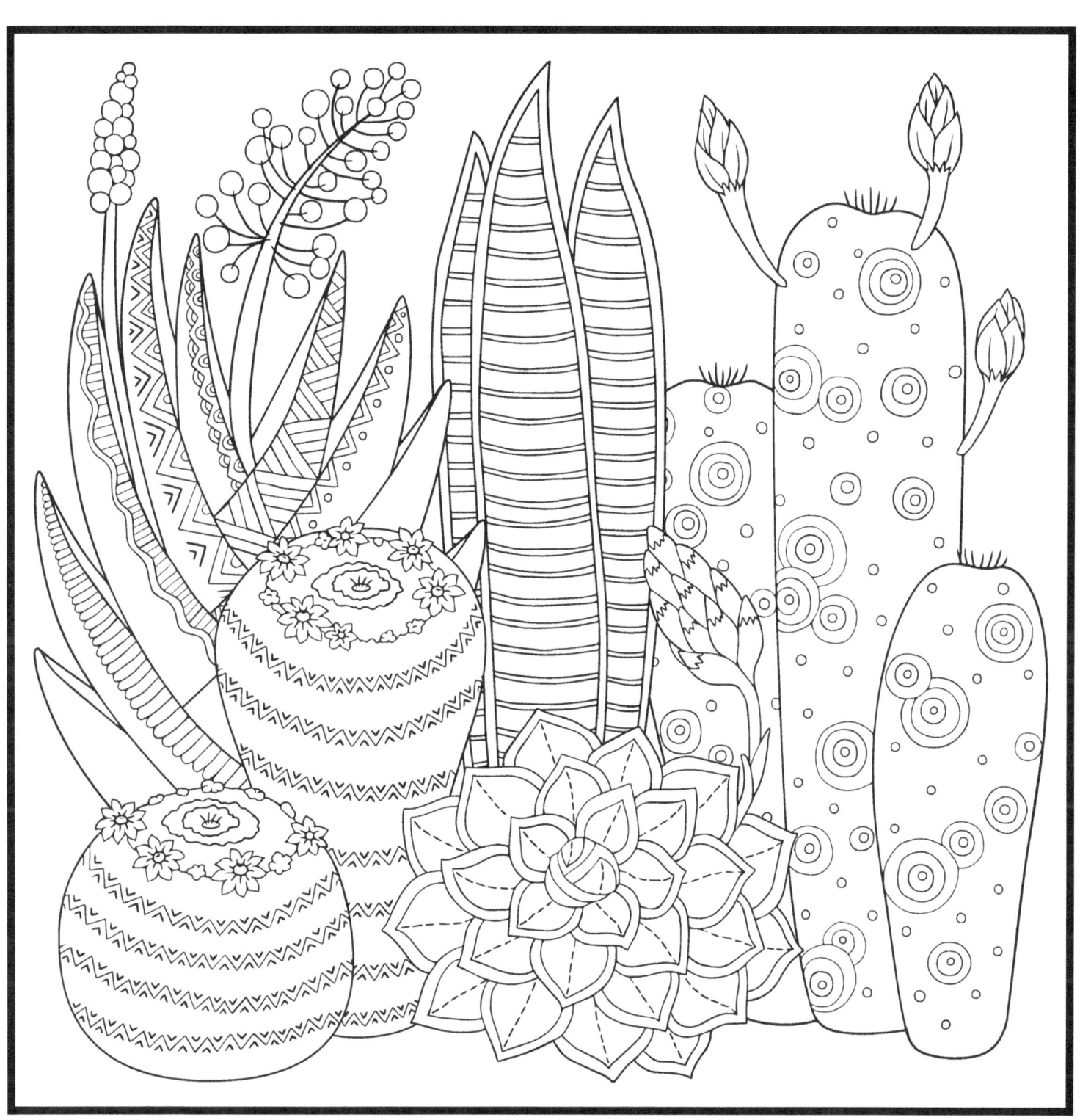

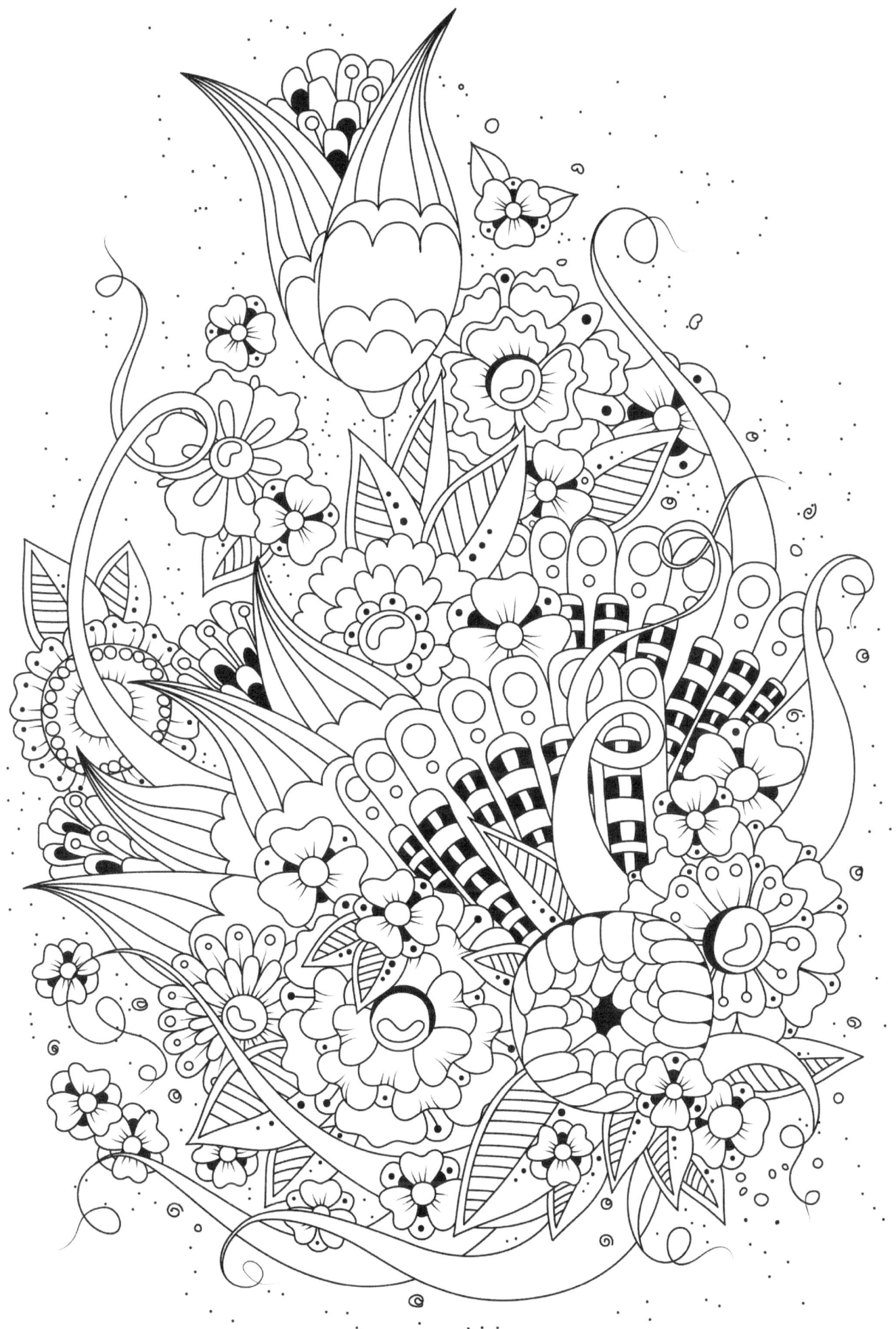

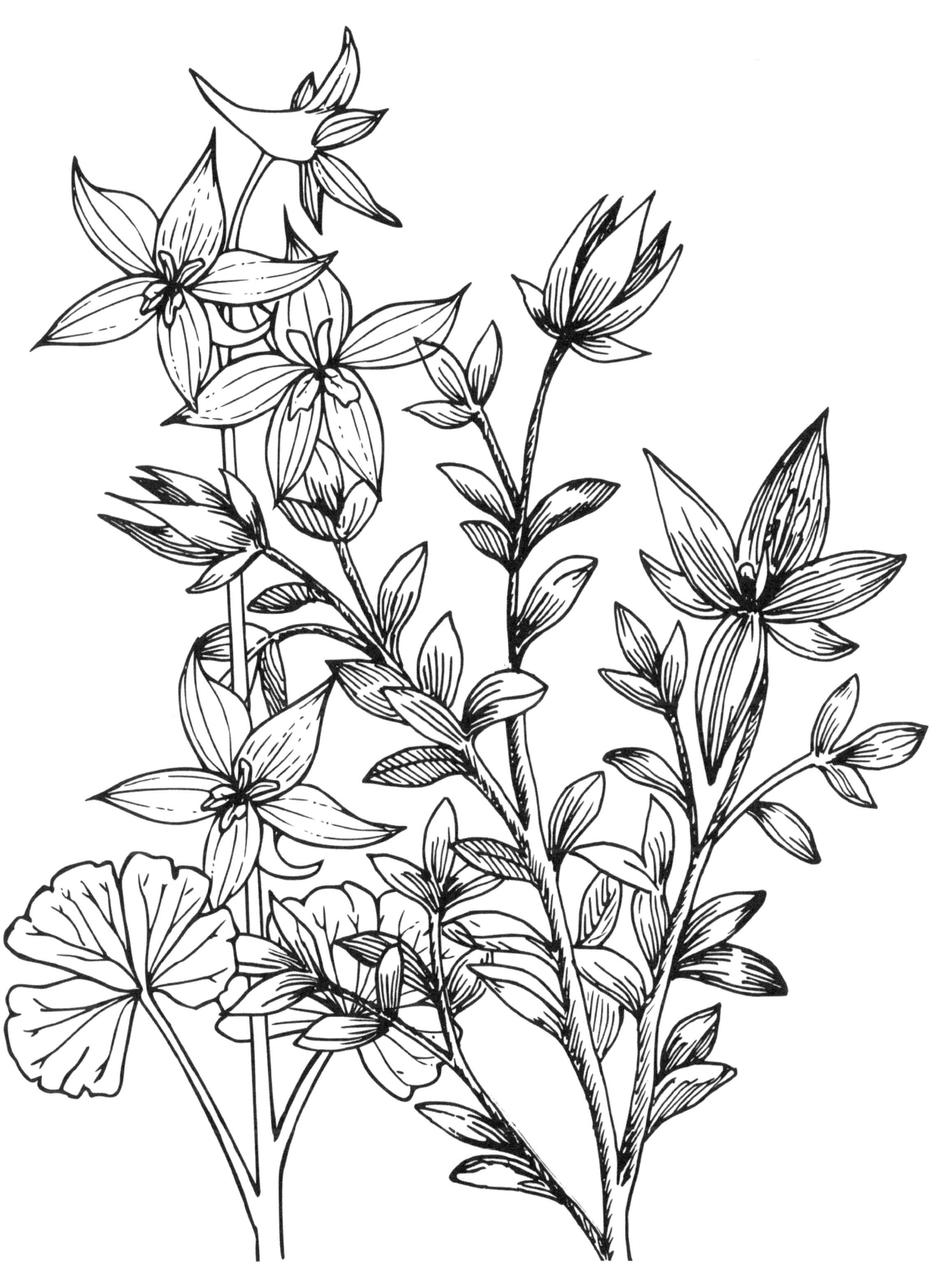

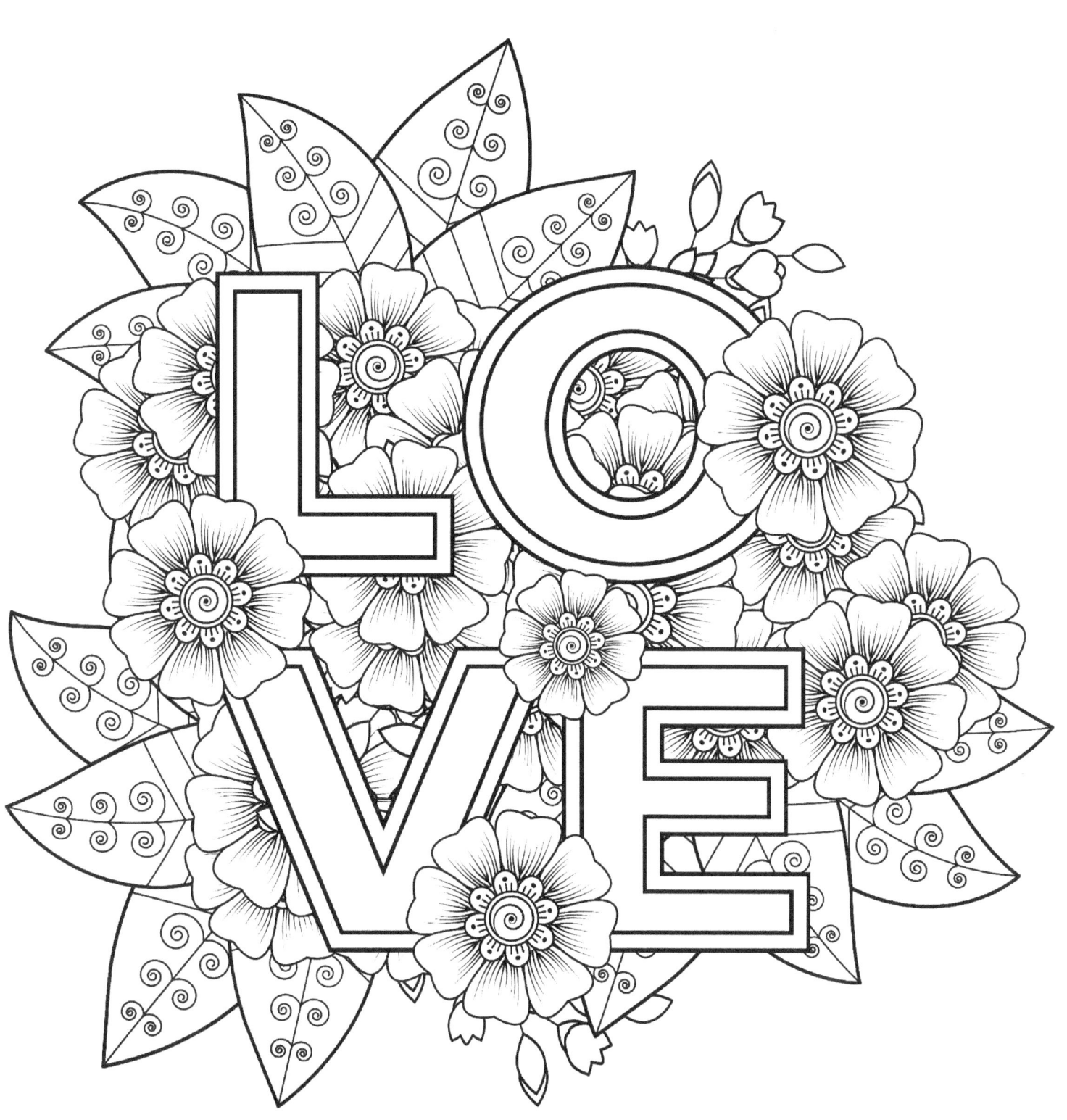

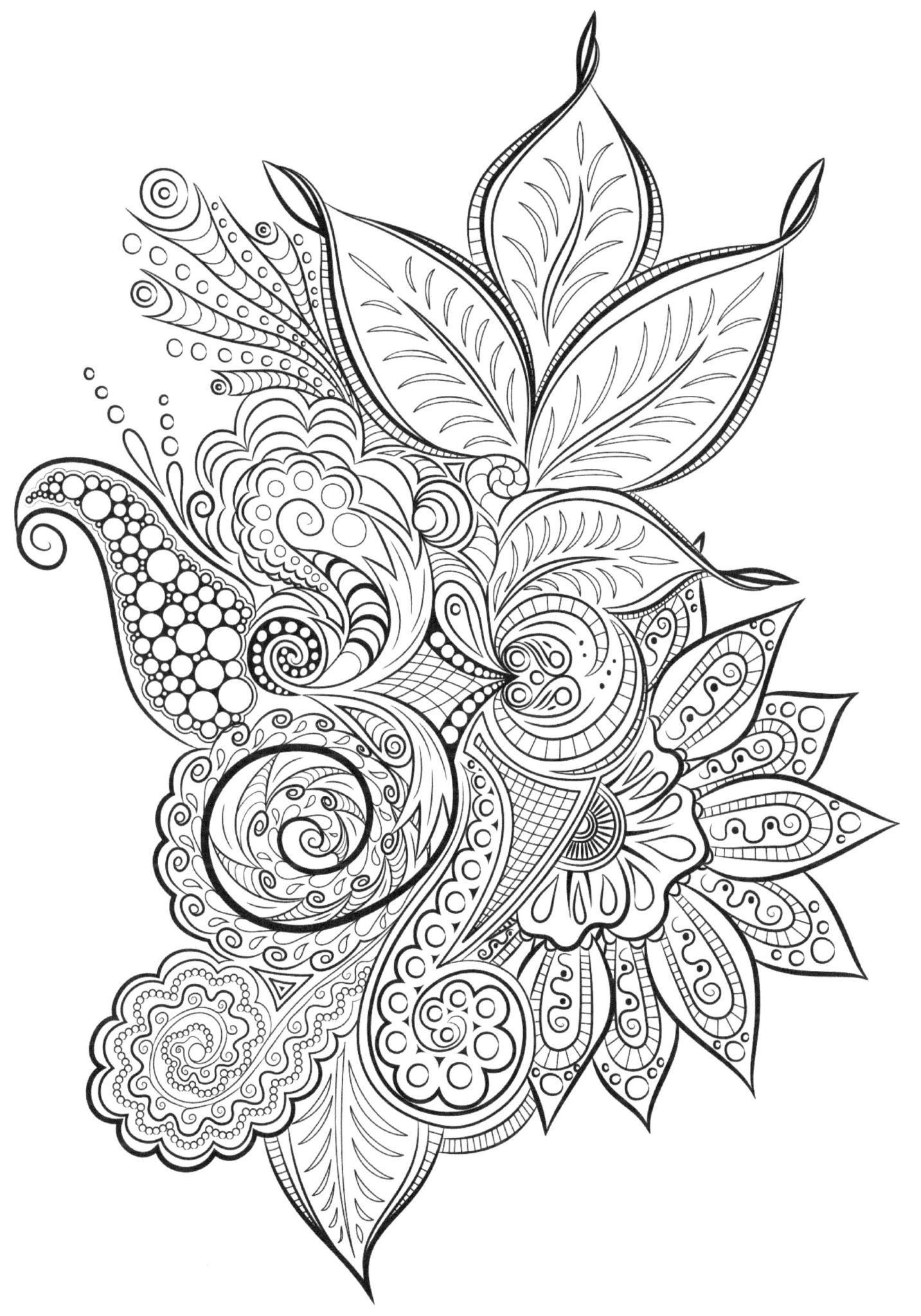

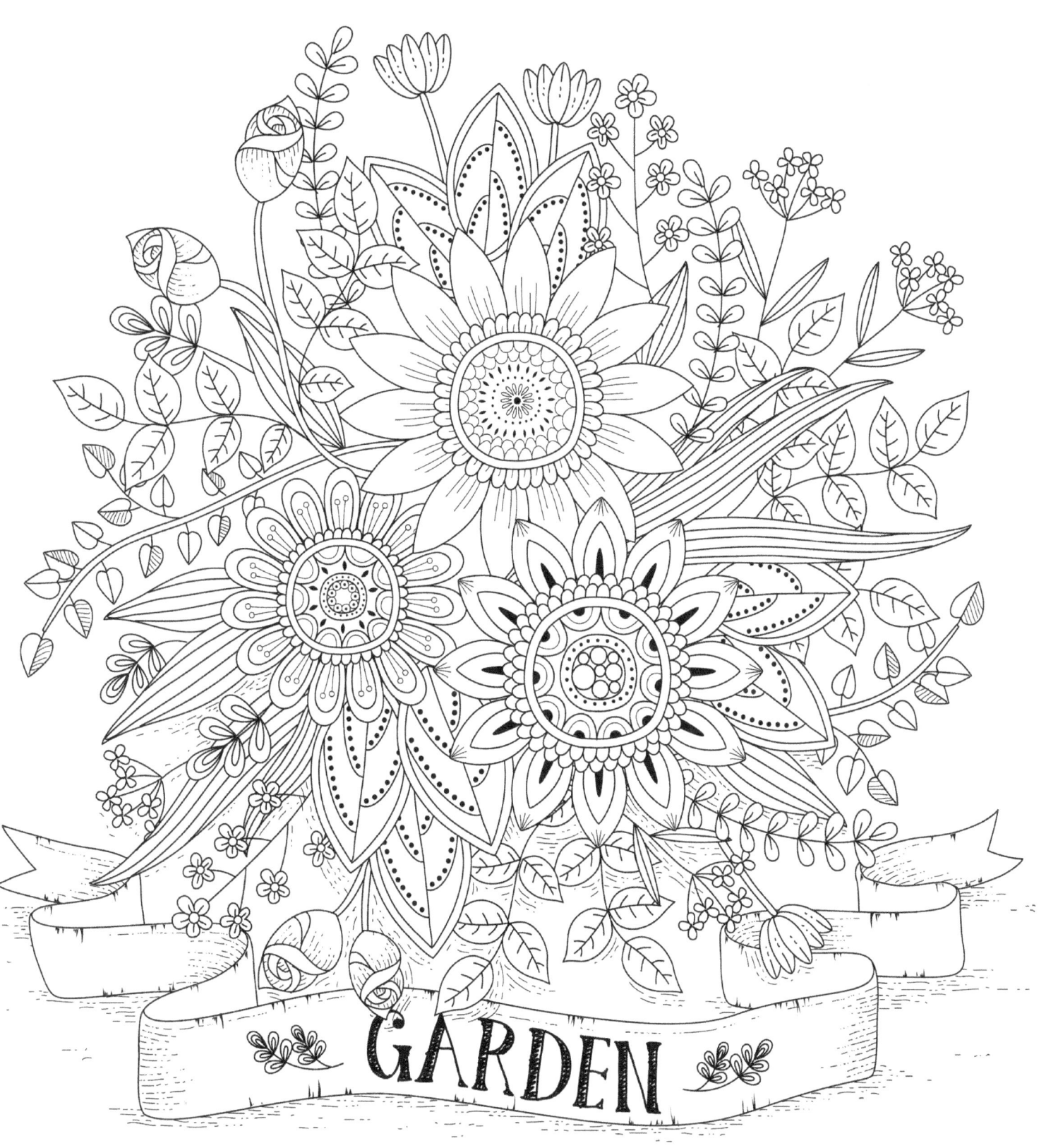

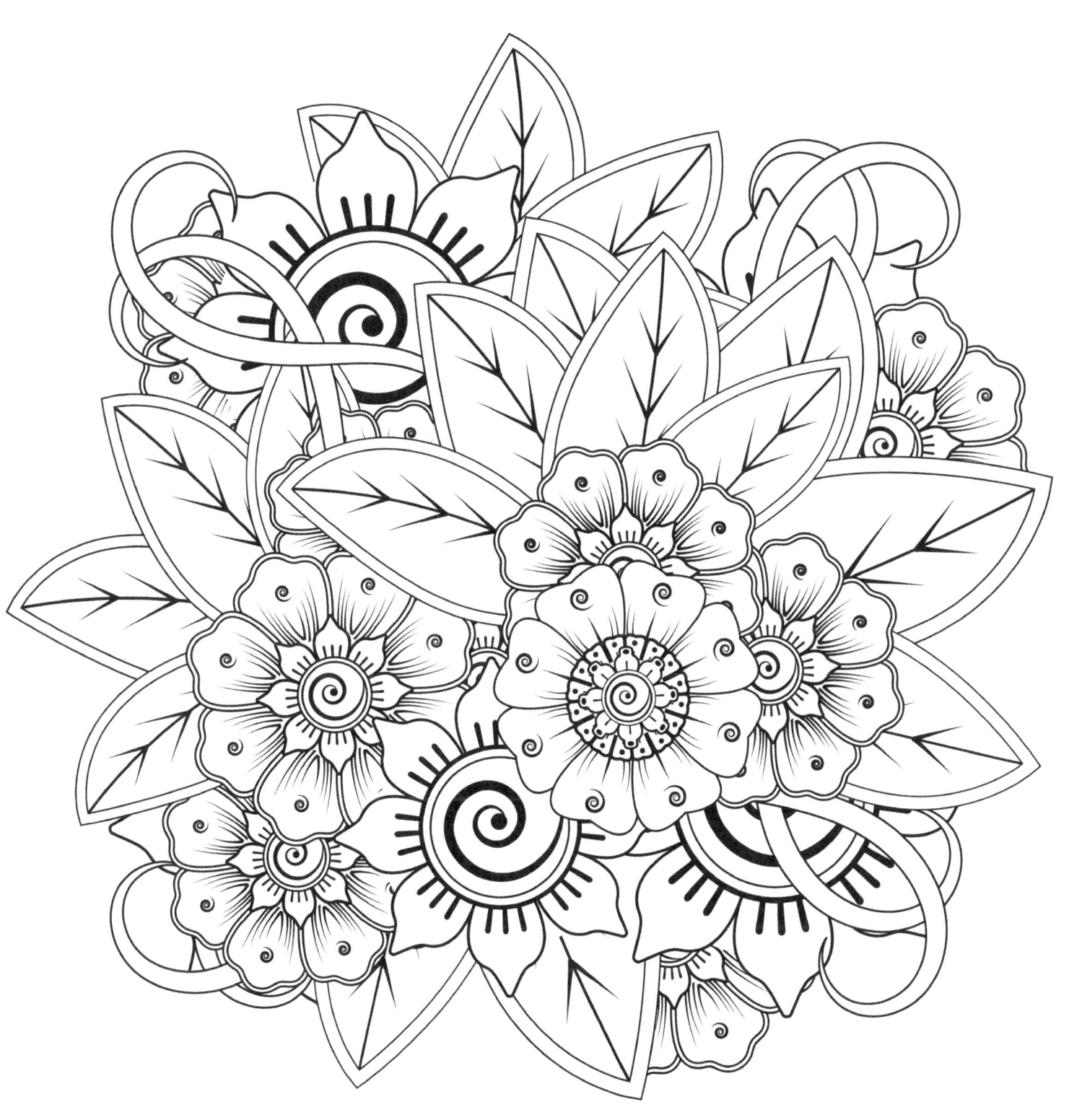

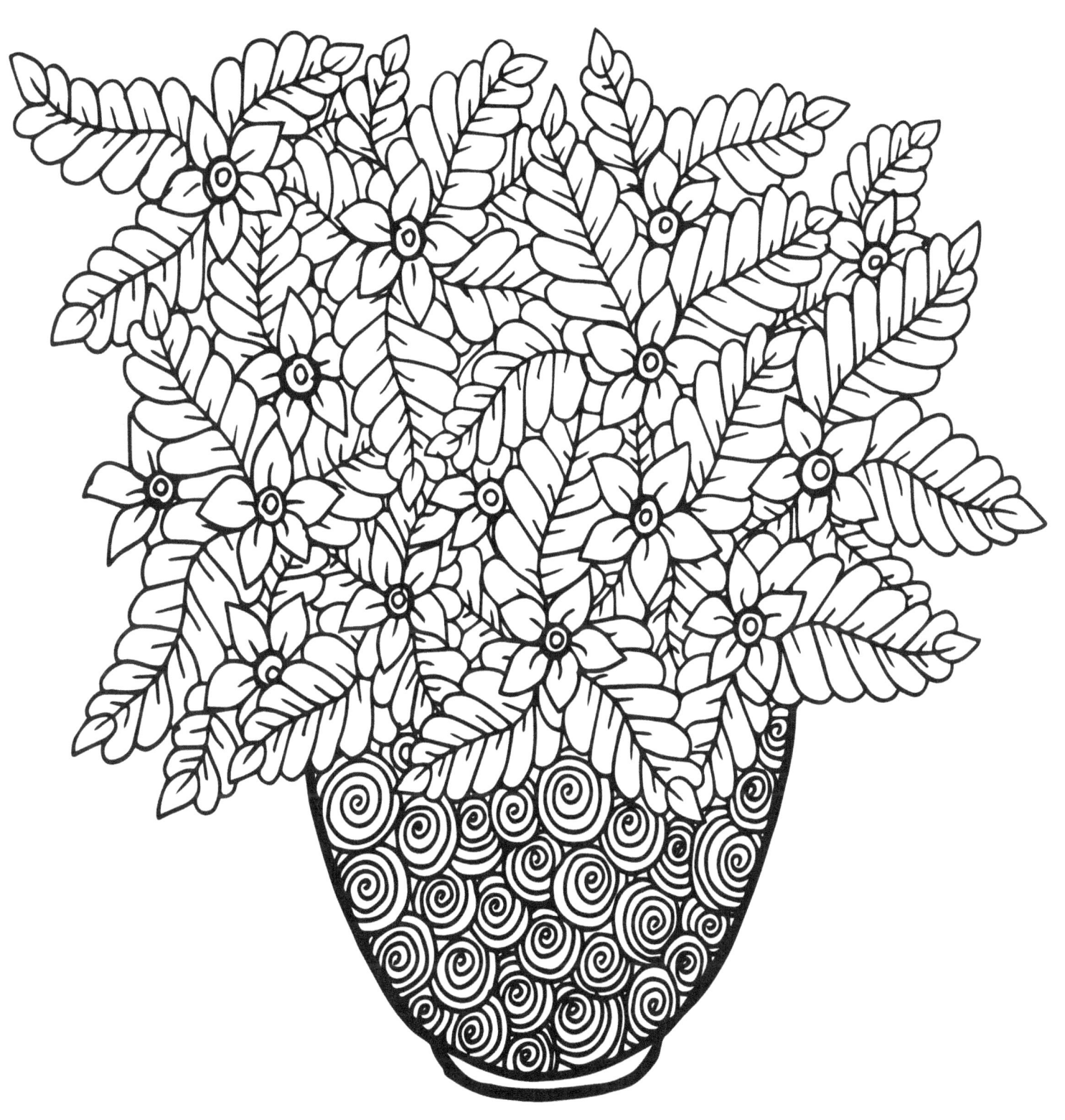

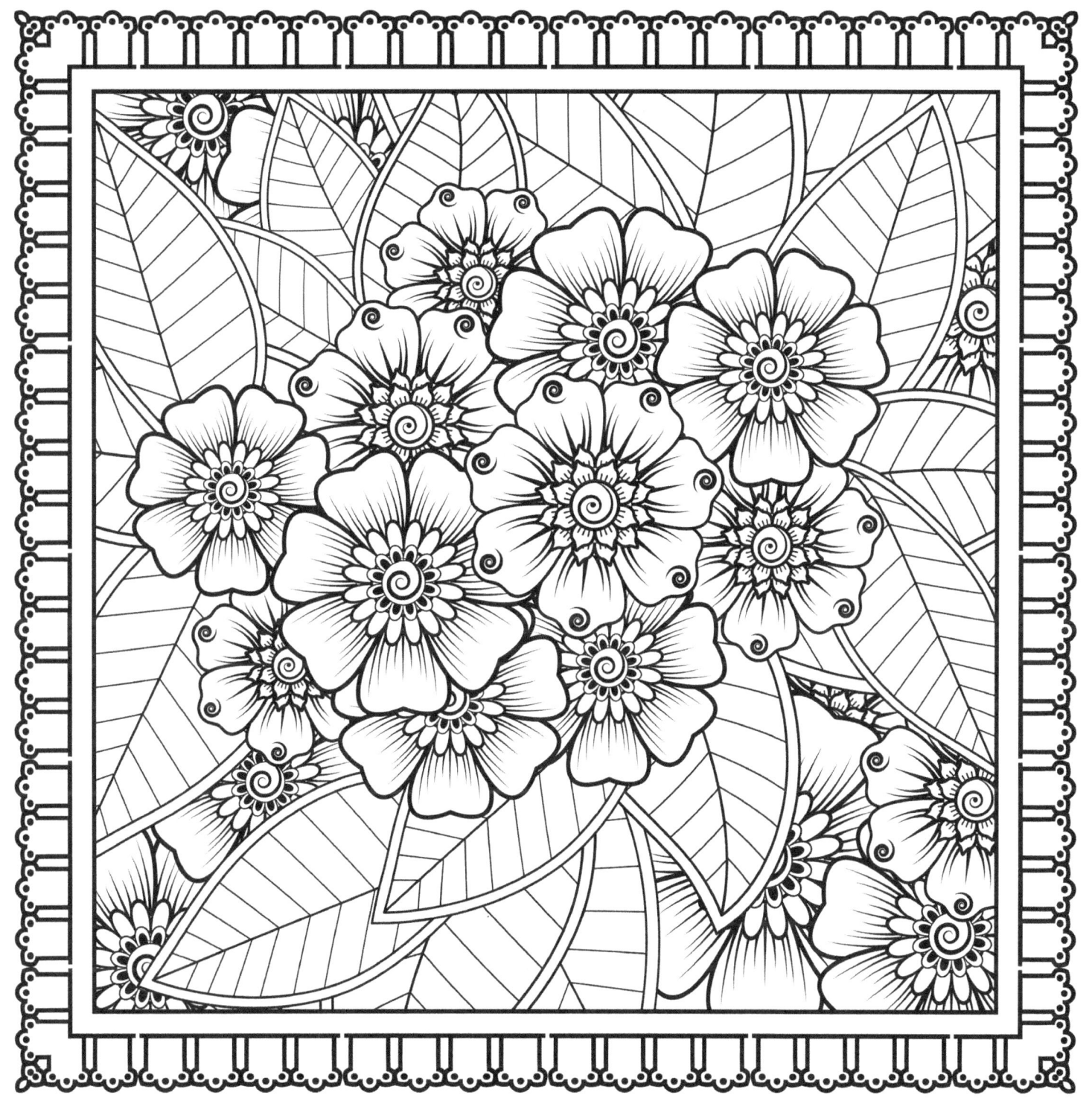

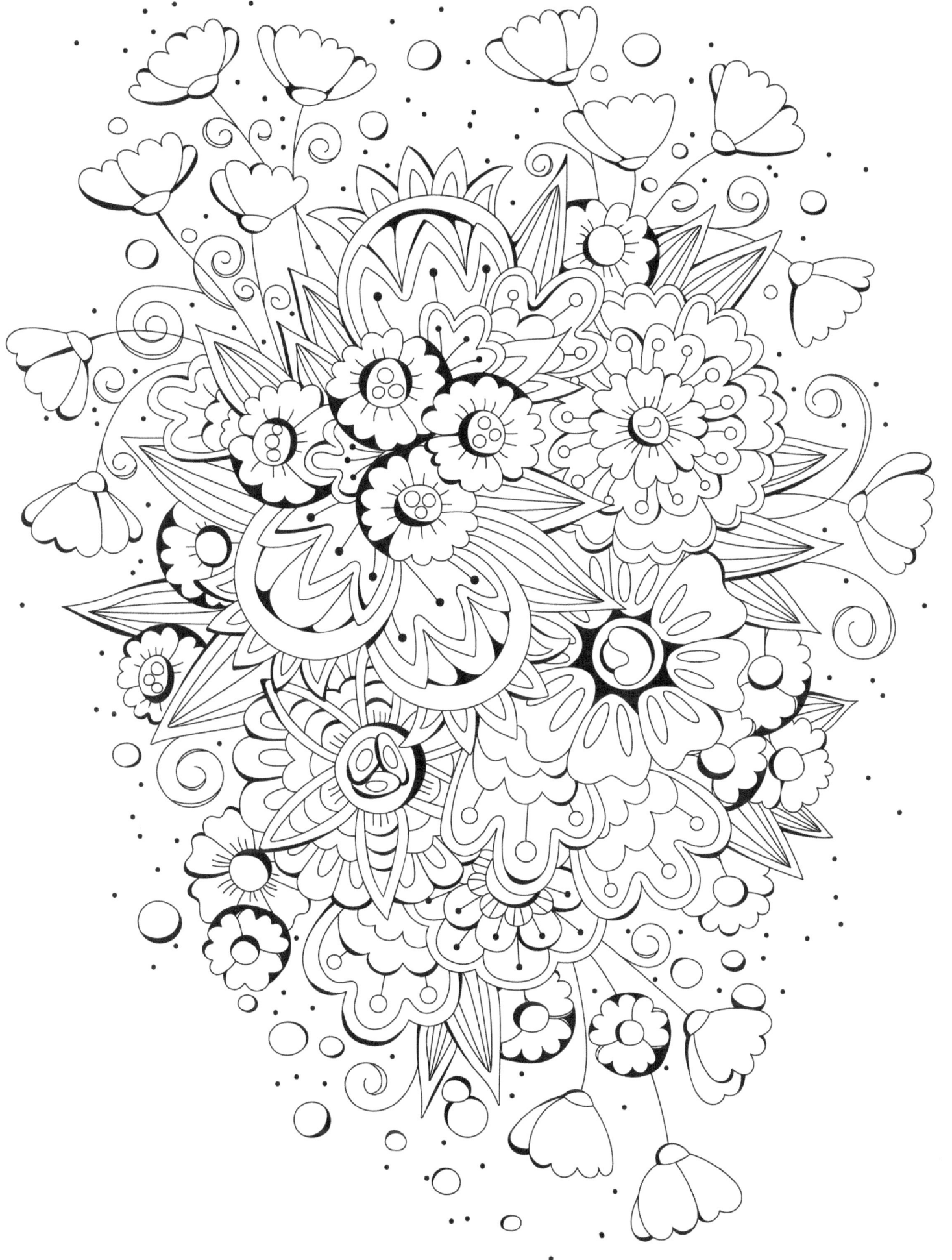

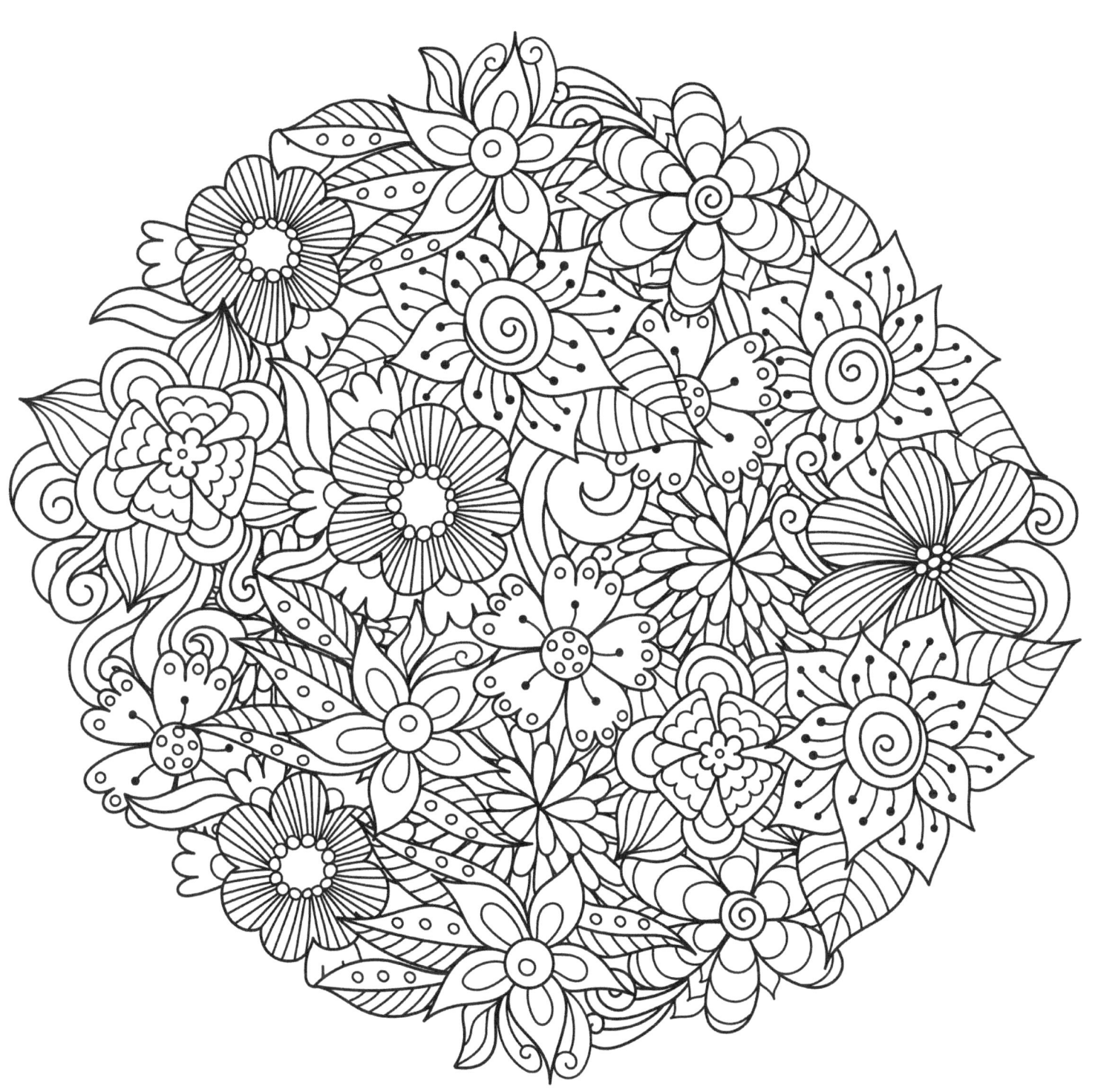

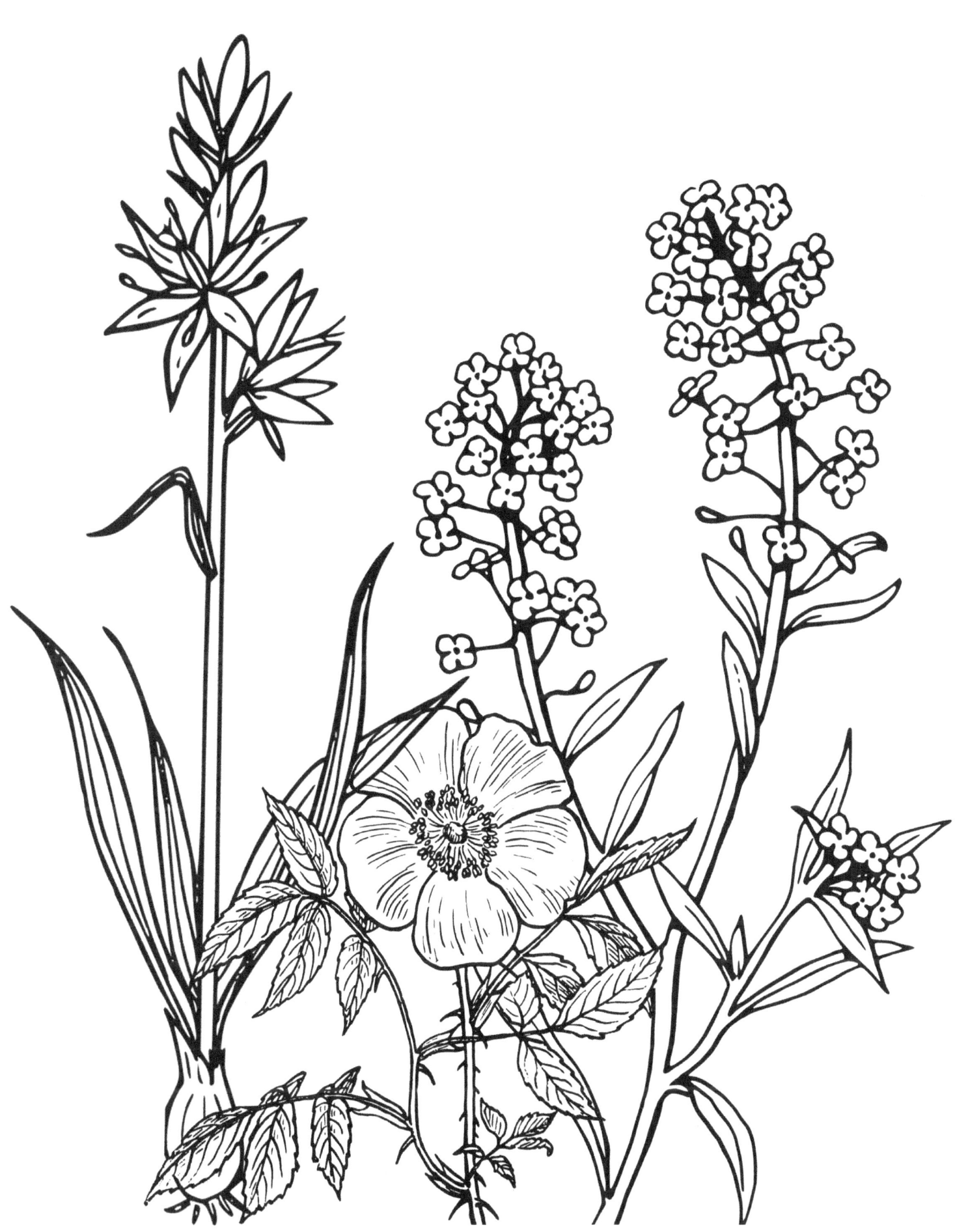

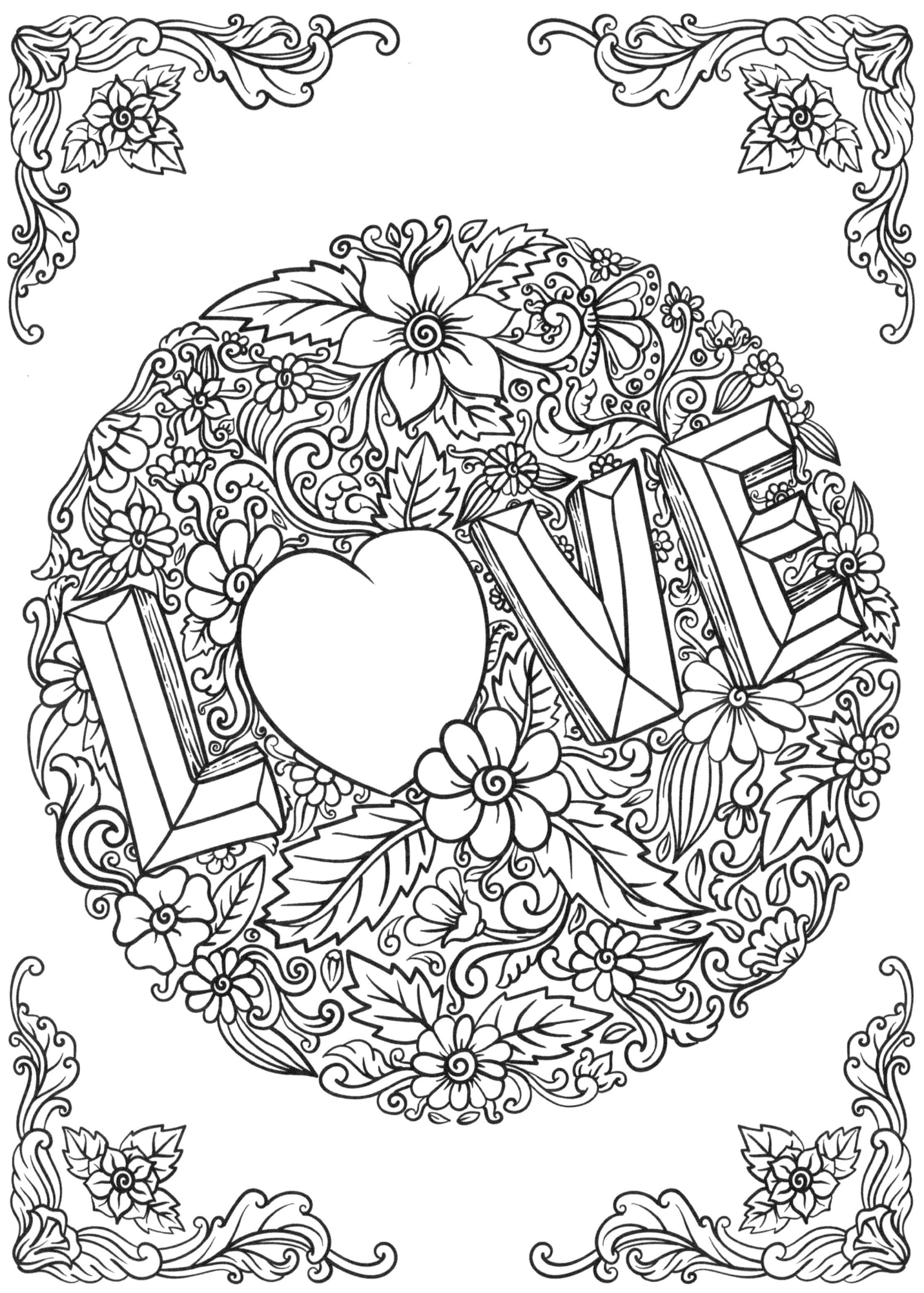

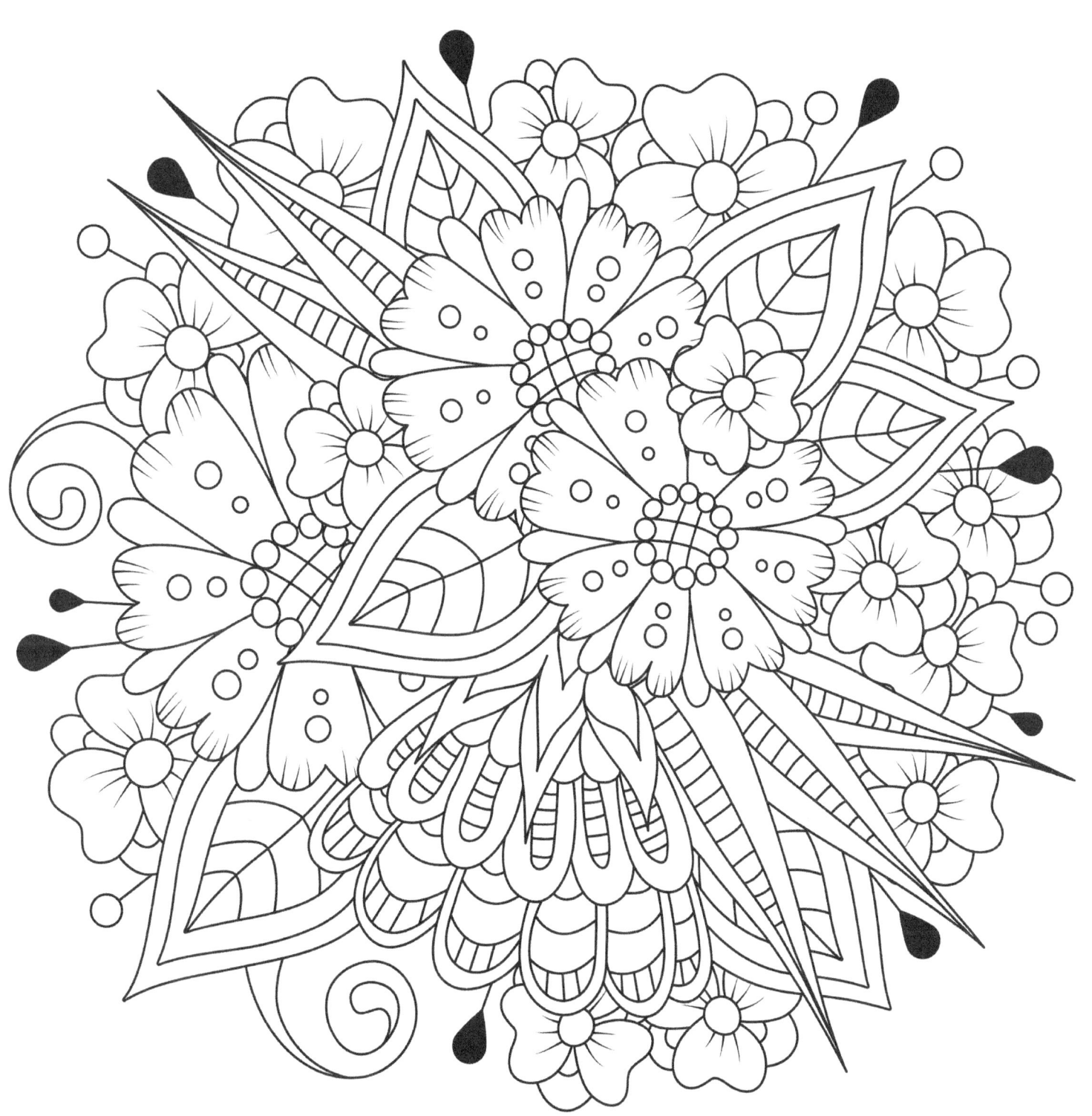

www.ingramcontent.com/pod-product-compliance
Lightning Source LLC
Chambersburg PA
CBHW081056240526
45465CB00025B/2304